Paul letters

온 가족 바울서신 따라쓰기

갈라디아/에베소/빌립보/
골로새/데살로니가전,후/
디모데전,후/디도/빌레몬/

제 2 권

시작한 날 : 년 월 일

끝마친 날 : 년 월 일

❖ 왼쪽면을 따라쓰실 때 반을 접어서 쓰시면 훨씬 수월합니다.

1. 바울서신

바울은 길리기아 다소에서 태어났고 바리새인이며 가말리엘 문하에서 교육을 받았으며 헬라어에 능통한 유대인 중의 한 사람이다. 초대 교회의 박해자이며, 다메섹에서 개종하여 이방인의 사도로 부름을 받은 사람이다.(A.D 35)

2. 바울서신이란?

신약성서 27권 중 바울의 이름으로 기록된 것이 총 13권이다.

이중 '바울'의 이름만으로 기록된 것은(6권)

로마서, 갈라디아, 에베소서, 디모데전서, 디모데 후서, 디도서가 있으며

'바울과 디모데' 두 사람의 이름으로 기록된 것은(4권)

고린도 후서, 골로새서, 빌립보서, 빌레몬서이며

'바울과 소스데네' 두 사람의 이름으로 기록된 것은 (1권)

고린도 전서이다.

'바울과 실루아노와 디모데' 세 사람의 이름으로 기록된 것은(2권)

데살로니가 전서와 데살로니가 후서이다.

바울서신을 아래와 같이 구분해 볼 수 있다.

<table>
<tr><td>로마서, 고린도 전,후서, 갈라디아서</td><td rowspan="2">교리서신</td><td rowspan="2">6권</td></tr>
<tr><td>데살로니가 전,후서</td></tr>
<tr><td>에베소서, 빌립보서, 골로새서, 빌레몬서</td><td>옥중서신</td><td>4권</td></tr>
<tr><td>디모데전,후서 디도서</td><td>목회서신</td><td>3권</td></tr>
</table>

3. 바울 서신의 연대적 순서 (※견해에 따라 저작 연대와 순서가 차이가 있음)

<table>
<tr><td>1</td><td>갈라디아서</td><td>A.D 49년</td><td>수리아 안디옥</td><td>1차전도여행 후</td></tr>
<tr><td>2</td><td>데살로니가전서</td><td rowspan="2">52년</td><td rowspan="2">고린도</td><td rowspan="2">2차전도여행 중</td></tr>
<tr><td>3</td><td>데살로니가후서</td></tr>
<tr><td>4</td><td>고린도전서</td><td>55년</td><td>에베소</td><td rowspan="3">3차전도여행 중</td></tr>
<tr><td>5</td><td>고린도후서</td><td>56년</td><td>마게도냐</td></tr>
<tr><td>6</td><td>로마서</td><td>57년</td><td>고린도</td></tr>
<tr><td>7</td><td>골로새서</td><td rowspan="3">61년경</td><td rowspan="4">로마옥중</td><td rowspan="4">1차투옥 중</td></tr>
<tr><td>8</td><td>빌레몬서</td></tr>
<tr><td>9</td><td>에베소서</td></tr>
<tr><td>10</td><td>빌립보서</td><td>62년경</td></tr>
<tr><td>11</td><td>디모데전서</td><td>63년</td><td>마게도냐</td><td>1차 석방</td></tr>
<tr><td>12</td><td>디도서</td><td>66년</td><td>니고볼리</td><td rowspan="2">2차투옥 중</td></tr>
<tr><td>13</td><td>디모데후서</td><td>67년</td><td>로마옥중</td></tr>
</table>

4. 바울 서신의 형식

당시에 헬라에서 통용되던 편지의 형식에 준하여 기록되었다.

(1) 서두(발신자, 수신자, 인사)

(2) 감사 혹은 축복

(3) 교리적 내용

(4) 실천적 내용

(5) 결론(문안 인사, 마지막 축도)

5. 바울 서신의 성격

바울의 문서들은 거의 모두가 실제적 상황 속에서 구체적인 목적을 갖고 기록된 서신들이다. 즉 특수한 교회와 특정한 사람들을 염두에 두고 쓴 글이다.

6. 각 권의 기록 목적

◈ 갈라디아서(북갈라디아 설)

구원을 얻으려면 모세의 율법을 다 지켜야 하고 할례를 받아야만 구원에 이를 수 있다고 주장하는 율법주의 이단이(다른 복음) 교회에 침투하자 구원은 오직 예수 그리스도만을 통하여 믿음으로 구원에 이를 수 있다는 이신칭의에 대해 강조하고 있다.

기록 장소 : 수리아 안디옥

◈ 에베소서

하나님께서 창세부터 감추었던 비밀인 예수 그리스도를 통해 이 땅에 교회를 세우시고 예수 그리스도를 교회의 머리로, 십자가를 통해 구원을 얻은 이방인과 유대인을 한 성령 안에서 하나가 되게 하여 그리스도인은 교회의 몸으로 하나님이 거하실 처소로 함께 지어져 감을 말하고 있다.

기록 장소 : 로마 옥중

◈ 빌립보서

복음으로 인하여 옥중에 매여 있으나 갇힌 것이 오히려 복음의 진보가 됨을 기뻐하며 바울을 걱정해 주던 빌립보 교회를 향해 감사의 마음을 전하며 빌립보 교회가 다툼과 허영, 복음을 변질시켜 미혹하는 원수들에 대한 경고를 통해 교회가 한 마음으로 연합하여 이겨낼 것을 권면하는 내용을 기록하고 있다.

기록 장소 : 로마 옥중

◈ 골로새

골로새 교회는 만유의 머리이신 그리스도라는 기독론에 초점을 둔 교리서로서 혼합 주의적 색채가 강한 거짓 철학, 율법주의, 천사 숭배, 금욕주의 등의 이단 사상이 들어와 교회를 무너뜨리려 하자 오직 예수 그리스도만이 유일무이한 만왕의 왕이시며 구주라는 사실을 통하여 이단을 배척하는 삶을 살 수 있도록 하기 위하여 쓰였다.

기록 장소 : 로마 옥중

◈ 데살로니가전서

마게도냐 지역에 두 번째로 교회를 세운 바울은 유대인들의 핍박에 짧은 시간밖에 머물지 못하고 떠날 수밖에 없었지만 데살로니가 교인들은 그럼에도 불구하고 아주 모범적으로 신앙생활을 잘하고 더 나아가 다른 교회들의 모범이 되고 있음에 믿음과 사랑과 소망을 칭찬하는 한편 교회에 침투한 대적자들로 인해 신앙의 많은 어려움과 핍박 속에서도 인내하며 흔들리지 않기를 격려하기 위해 쓰여진 서신이다.

기록 장소 : 고린도

◈ 데살로니가후서

종말과 주의 재림에 대해 혼란을 겪고 있는 상황 속에서 일부 교인들 가운데 이미 주의 재림이 이루어졌거나 혹은 재림이 임박하다고 생각한 나머지 생업을 포기하거나 일하지 않고 지내는 자들이 생겨나자 바울은 오해를 바로잡기 위해 주의 재림이 이르기 전에 나타날 사건이 무엇인지를 알려주며 아직은 그럴 때가 아님을 강조하며 주의 재림이 언제 임할지에 상관없이 주어진 일에 성실함으로 최후 승리를 할 때까지 잘 준비할 수 있도록 하기 위해 쓰여진 서신이다.

기록 장소 : 고린도

◈ 디모데전서

복음 안에서 낳은 영적 아들인 디모데에게 보낸 개인적 서신이며 에베소에서 목회를 하고 있는 디모데를 위해 교회의 여러 다양한 문제들을 어떻게 처리해야 할 것과 교회의 직분자들의 자격요건과 맡은 일에 대하여 어떻게 해야 할지에 대한 목회 지침들을 알려 주기 위한 서신이다.

기록 장소 : 마게도냐

◈ 디모데후서

바울의 마지막 서신으로 순교의 순간이 눈앞에 온 것을 깨달은 상황에서 믿음의 아들이며 동역자인 디모데가 에베소에서 어렵게 목회를 하고 있는 디모데에 대한 염려와 함께 맡겨진 사명을 끝까지 인내함으로 감당할 것을 부탁하며 디모데에게 힘과 용기를 주고자 쓴 서신이다.

기록 장소 : 로마 옥중

◈ 디도서

디도는 헬라인으로(갈 2:3) 바울의 복음을 듣고 개종(딛 1:4)했으며 바울에게는 '나의 아들'(딛 1:4) '나의 형제'(고후 2:13) '동료, 동역자'(고후 8:23)등으로 불렸다. 바울은 디도를 그레데에 남겨두고 교회의 책임을 맡게 하였다. 급히 떠나 왔기에 격려하기 위해 쓴 서신이며 교회에 거짓 선생들에 대한 문제와 교회 지도자들의 자격 요건에 대한 교훈을 제시하며 교회들이 마땅히 취해야 할 태도에 대해 언급하였다.

기록 장소 : 니고볼리

◈ 빌레몬서

빌레몬서는 바울의 개인적인 서신으로 빌레몬의 종이었던 오네시모가 그의 돈을 훔쳐 달아났다가 옥중에서 바울을 만나 믿음의 동역자가 되자 바울은 빌레몬에게 과거에 오네시모가 저지른 잘못을 용서해 주기를 간청하며 오네시모와 함께 교회를 위해 헌신할 수 있기를 위해 쓰인 서신이다.

기록 장소 : 로마 옥중

갈라디아서

(1-6장)

인사

1 1 사람들에게서 난 것도 아니요
사람으로 말미암은 것도 아니
요 오직 예수 그리스도와 그를 죽
은 자 가운데서 살리신 하나님 아
버지로 말미암아 사도 된 바울은
2 함께 있는 모든 형제와 더불어 갈
라디아 여러 교회들에게
3 우리 하나님 아버지와 주 예수 그
리스도로부터 은혜와 평강이 있
기를 원하노라
4 그리스도께서 하나님 곧 우리 아버
지의 뜻을 따라 이 악한 세대에서
우리를 건지시려고 우리 죄를 대속
하기 위하여 자기 몸을 주셨으니
5 영광이 그에게 세세토록 있을지
어다 아멘

다른복음은 없다

6 그리스도의 은혜로 너희를 부르
신 이를 이같이 속히 떠나 다른
복음을 따르는 것을 내가 이상하
게 여기노라
7 다른 복음은 없나니 다만 어떤 사
람들이 너희를 교란하여 그리스

1】

2】

3】

4】

5】

6】

7】

도의 복음을 변하게 하려 함이라
8 그러나 우리나 혹은 하늘로부터
온 천사라도 우리가 너희에게 전
한 복음 외에 다른 복음을 전하면
저주를 받을지어다
9 우리가 전에 말하였거니와 내가
지금 다시 말하노니 만일 누구든
지 너희가 받은 것 외에 다른 복음
을 전하면 저주를 받을지어다
10 이제 내가 사람들에게 좋게 하랴
하나님께 좋게 하랴 사람들에게
기쁨을 구하랴 내가 지금까지 사
람들의 기쁨을 구하였다면 그리
스도의 종이 아니니라

바울이 사도가 된 내력

11 형제들아 내가 너희에게 알게 하
노니 내가 전한 복음은 사람의 뜻
을 따라 된 것이 아니니라
12 이는 내가 사람에게서 받은 것도
아니요 배운 것도 아니요 오직 예
수 그리스도의 계시로 말미암은
것이라
13 내가 이전에 유대교에 있을 때에 행
한 일을 너희가 들었거니와 하나님
의 교회를 심히 박해하여 멸하고
14 내가 내 동족 중 여러 연갑자보다
유대교를 지나치게 믿어 내 조상

8】

9】

10】

11】

12】

13】

14】

의 전통에 대하여 더욱 열심이 있
었으나
15 그러나 내 어머니의 태로부터 나
를 택정하시고 그의 은혜로 나를
부르신 이가
16 그의 아들을 이방에 전하기 위하
여 그를 내 속에 나타내시기를 기
뻐하셨을 때에 내가 곧 혈육과 의
논하지 아니하고
17 또 나보다 먼저 사도 된 자들을
만나려고 예루살렘으로 가지 아
니하고 아라비아로 갔다가 다시
다메섹으로 돌아갔노라
18 그 후 삼 년 만에 내가 게바를 방
문하려고 예루살렘에 올라가서
그와 함께 십오 일을 머무는 동안
19 주의 형제 야고보 외에 다른 사도
들을 보지 못하였노라
20 보라 내가 너희에게 쓰는 것은 하
나님 앞에서 거짓말이 아니로다
21 그 후에 내가 수리아와 길리기아
지방에 이르렀으나
22 그리스도 안에 있는 유대의 교회
들이 나를 얼굴로는 알지 못하고
23 다만 우리를 박해하던 자가 전에
멸하려던 그 믿음을 지금 전한다
함을 듣고

15】

16】

17】

18】

19】

20】

21】

22】

23】

24 나로 말미암아 하나님께 영광을
돌리니라

할례자의 사도와 이방인의 사도

2 1 십사 년 후에 내가 바나바와 함
께 디도를 데리고 다시 예루살
렘에 올라갔나니
2 계시를 따라 올라가 내가 이방 가
운데서 전파하는 복음을 그들에
게 제시하되 유력한 자들에게 사
사로이 한 것은 내가 달음질하는
것이나 달음질한 것이 헛되지 않
게 하려 함이라
3 그러나 나와 함께 있는 헬라인 디
도까지도 억지로 할례를 받게 하
지 아니하였으니
4 이는 가만히 들어온 거짓 형제들
때문이라 그들이 가만히 들어온
것은 그리스도 예수 안에서 우리
가 가진 자유를 엿보고 우리를 종
으로 삼고자 함이로되
5 그들에게 우리가 한시도 복종하
지 아니하였으니 이는 복음의 진
리가 항상 너희 가운데 있게 하려
함이라
6 유력하다는 이들 중에(본래 어떤
이들이든지 내게 상관이 없으며

24】

1】

2】

3】

4】

5】

6】

하나님은 사람을 외모로 취하지
아니하시나니)저 유력한 이들은
내게 의무를 더하여 준 것이 없고
7 도리어 그들은 내가 무할례자에
게 복음 전함을 맡은 것이 베드로
가 할례자에게 맡음과 같은 것을
보았고
8 베드로에게 역사하사 그를 할례
자의 사도로 삼으신 이가 또한 내
게 역사하사 나를 이방인의 사도
로 삼으셨느니라
9 또 기둥 같이 여기는 야고보와 게
바와 요한도 내게 주신 은혜를 알
므로 나와 바나바에게 친교의 악
수를 하였으니 우리는 이방인에
게로, 그들은 할례자에게로 가게
하려 함이라
10 다만 우리에게 가난한 자들을 기
억하도록 부탁하였으니 이것은 나
도 본래부터 힘써 행하여 왔노라

믿음으로 의롭게 되다

11 게바가 안디옥에 이르렀을 때에
책망 받을 일이 있기로 내가 그를
대면하여 책망하였노라
12 야고보에게서 온 어떤 이들이 이
르기 전에 게바가 이방인과 함께
먹다가 그들이 오매 그가 할례자

7】

8】

9】

10】

11】

12】

들을 두려워하여 떠나 물러가매
13 남은 유대인들도 그와 같이 외식
하므로 바나바도 그들의 외식에
유혹되었느니라
14 그러므로 나는 그들이 복음의 진리
를 따라 바르게 행하지 아니함을
보고 모든 자 앞에서 게바에게 이
르되 네가 유대인으로서 이방인을
따르고 유대인답게 살지 아니하면
서 어찌하여 억지로 이방인을 유대
인답게 살게 하려느냐 하였노라
15 우리는 본래 유대인이요 이방 죄
인이 아니로되
16 사람이 의롭게 되는 것은 율법의
행위로 말미암음이 아니요 오직
예수 그리스도를 믿음으로 말미
암는 줄 알므로 우리도 그리스도
예수를 믿나니 이는 우리가 율법
의 행위로써가 아니고 그리스도
를 믿음으로써 의롭다 함을 얻으
려 함이라 율법의 행위로써는 의
롭다 함을 얻을 육체가 없느니라
17 만일 우리가 그리스도 안에서 의
롭게 되려 하다가 죄인으로 드러
나면 그리스도께서 죄를 짓게 하
는 자냐 결코 그럴 수 없느니라
18 만일 내가 헐었던 것을 다시 세우

13】

14】

15】

16】

17】

18】

면 내가 나를 범법한 자로 만드는
것이라
19 내가 율법으로 말미암아 율법에
대하여 죽었나니 이는 하나님에
대하여 살려 함이라
20 내가 그리스도와 함께 십자가에
못 박혔나니 그런즉 이제는 내가
사는 것이 아니요 오직 내 안에 그
리스도께서 사시는 것이라 이제
내가 육체 가운데 사는 것은 나를
사랑하사 나를 위하여 자기 자신
을 버리신 하나님의 아들을 믿는
믿음 안에서 사는 것이라
21 내가 하나님의 은혜를 폐하지 아
니하노니 만일 의롭게 되는 것이
율법으로 말미암으면 그리스도께
서 헛되이 죽으셨느니라

19】

20】

21】

갈라디아 사람들에게 호소하다

3
1 어리석도다 갈라디아 사람들아
예수 그리스도께서 십자가에 못
박히신 것이 너희 눈 앞에 밝히 보
이거늘 누가 너희를 꾀더냐
2 내가 너희에게서 다만 이것을 알
려 하노니 너희가 성령을 받은 것
이 율법의 행위로냐 혹은 듣고 믿
음으로냐

1】

2】

3 너희가 이같이 어리석으냐 성령
으로 시작하였다가 이제는 육체
로 마치겠느냐
4 너희가 이같이 많은 괴로움을 헛
되이 받았느냐 과연 헛되냐
5 너희에게 성령을 주시고 너희 가
운데서 능력을 행하시는 이의 일
이 율법의 행위에서냐 혹은 듣고
믿음에서냐
6 아브라함이 하나님을 믿으매 그
것을 그에게 의로 정하셨다 함과
같으니라
7 그런즉 믿음으로 말미암은 자들은
아브라함의 자손인 줄 알지어다
8 또 하나님이 이방을 믿음으로 말미
암아 의로 정하실 것을 성경이 미
리 알고 먼저 아브라함에게 복음을
전하되 모든 이방인이 너로 말미암
아 복을 받으리라 하였느니라
9 그러므로 믿음으로 말미암은 자
는 믿음이 있는 아브라함과 함께
복을 받느니라
10 무릇 율법 행위에 속한 자들은 저
주 아래에 있나니 기록된 바 누구
든지 율법 책에 기록된 대로 모든
일을 항상 행하지 아니하는 자는
저주 아래에 있는 자라 하였음이라

3】

4】

5】

6】

7】

8】

9】

10】

11 또 하나님 앞에서 아무도 율법으
로 말미암아 의롭게 되지 못할 것
이 분명하니 이는 의인은 믿음으
로 살리라 하였음이라
12 율법은 믿음에서 난 것이 아니니
율법을 행하는 자는 그 가운데서
살리라 하였느니라
13 그리스도께서 우리를 위하여 저
주를 받은 바 되사 율법의 저주에
서 우리를 속량하셨으니 기록된
바 나무에 달린 자마다 저주 아래
에 있는 자라 하였음이라
14 이는 그리스도 예수 안에서 아브
라함의 복이 이방인에게 미치게
하고 또 우리로 하여금 믿음으로
말미암아 성령의 약속을 받게 하
려 함이라

율법과 약속

15 형제들아 내가 사람의 예대로 말
하노니 사람의 언약이라도 정한
후에는 아무도 폐하거나 더하거
나 하지 못하느니라
16 이 약속들은 아브라함과 그 자손
에게 말씀하신 것인데 여럿을 가
리켜 그 자손들이라 하지 아니하
시고 오직 한 사람을 가리켜 네 자
손이라 하셨으니 곧 그리스도라

11】

12】

13】

14】

15】

16】

년 월 일

17 내가 이것을 말하노니 하나님께서
미리 정하신 언약을 사백삼십 년
후에 생긴 율법이 폐기하지 못하고
그 약속을 헛되게 하지 못하리라
18 만일 그 유업이 율법에서 난 것이
면 약속에서 난 것이 아니리라 그
러나 하나님이 약속으로 말미암
아 아브라함에게 주신 것이라
19 그런즉 율법은 무엇이냐 범법하
므로 더하여진 것이라 천사들을
통하여 한 중보자의 손으로 베푸
신 것인데 약속하신 자손이 오시
기까지 있을 것이라
20 그 중보자는 한 편만 위한 자가 아
니나 하나님은 한 분이시니라
21 그러면 율법이 하나님의 약속들
과 반대되는 것이냐 결코 그럴 수
없느니라 만일 능히 살게 하는 율
법을 주셨더라면 의가 반드시 율
법으로 말미암았으리라
22 그러나 성경이 모든 것을 죄 아래
에 가두었으니 이는 예수 그리스
도를 믿음으로 말미암는 약속을
믿는 자들에게 주려 함이라

하나님의 아들

23 믿음이 오기 전에 우리는 율법 아
래에 매인 바 되고 계시될 믿음의

17】

18】

19】

20】

21】

22】

23】

때까지 갇혔느니라
24 이같이 율법이 우리를 그리스도
께로 인도하는 초등교사가 되어
우리로 하여금 믿음으로 말미암
아 의롭다 함을 얻게 하려 함이라
25 믿음이 온 후로는 우리가 초등교
사 아래에 있지 아니하도다
26 너희가 다 믿음으로 말미암아 그
리스도 예수 안에서 하나님의 아
들이 되었으니
27 누구든지 그리스도와 합하기 위
하여 세례를 받은 자는 그리스도
로 옷 입었느니라
28 너희는 유대인이나 헬라인이나 종
이나 자유인이나 남자나 여자나 다
그리스도 예수 안에서 하나이니라
29 너희가 그리스도의 것이면 곧 아
브라함의 자손이요 약속대로 유
업을 이을 자니라

4
1 내가 또 말하노니 유업을 이을
자가 모든 것의 주인이나 어렸
을 동안에는 종과 다름이 없어서
2 그 아버지가 정한 때까지 후견인
과 청지기 아래에 있나니
3 이와 같이 우리도 어렸을 때에 이
세상의 초등학문 아래에 있어서

24】
25】
26】
27】
28】
29】
1】
2】
3】

종 노릇 하였더니
4 때가 차매 하나님이 그 아들을 보
내사 여자에게서 나게 하시고 율
법 아래에 나게 하신 것은
5 율법 아래에 있는 자들을 속량하
시고 우리로 아들의 명분을 얻게
하려 하심이라
6 너희가 아들이므로 하나님이 그
아들의 영을 우리 마음 가운데 보
내사 아빠 아버지라 부르게 하셨
느니라
7 그러므로 네가 이 후로는 종이 아
니요 아들이니 아들이면 하나님으
로 말미암아 유업을 받을 자니라

바울이 갈라디아 교회를 염려하다

8 그러나 너희가 그 때에는 하나님
을 알지 못하여 본질상 하나님이
아닌 자들에게 종 노릇 하였더니
9 이제는 너희가 하나님을 알 뿐 아
니라 더욱이 하나님이 아신 바 되
었거늘 어찌하여 다시 약하고 천
박한 초등학문으로 돌아가서 다
시 그들에게 종 노릇 하려 하느냐
10 너희가 날과 달과 절기와 해를 삼
가 지키니
11 내가 너희를 위하여 수고한 것이
헛될까 두려워하노라

4】
5】
6】
7】
8】
9】
10】
11】

12 형제들아 내가 너희와 같이 되었
은즉 너희도 나와 같이 되기를 구
하노라 너희가 내게 해롭게 하지
아니하였느니라
13 내가 처음에 육체의 약함으로 말
미암아 너희에게 복음을 전한 것
을 너희가 아는 바라
14 너희를 시험하는 것이 내 육체에
있으되 이것을 너희가 업신여기
지도 아니하며 버리지도 아니하
고 오직 나를 하나님의 천사와 같
이 또는 그리스도 예수와 같이 영
접하였도다
15 너희의 복이 지금 어디 있느냐 내
가 너희에게 증언하노니 너희가
할 수만 있었더라면 너희의 눈이
라도 빼어 나에게 주었으리라
16 그런즉 내가 너희에게 참된 말을
하므로 원수가 되었느냐
17 그들이 너희에게 대하여 열심 내
는 것은 좋은 뜻이 아니요 오직 너
희를 이간시켜 너희로 그들에게
대하여 열심을 내게 하려 함이라
18 좋은 일에 대하여 열심으로 사모함
을 받음은 내가 너희를 대하였을
때뿐 아니라 언제든지 좋으니라
19 나의 자녀들아 너희 속에 그리스도

12】

13】

14】

15】

16】

17】

18】

19】

의 형상을 이루기까지 다시 너희를
위하여 해산하는 수고를 하노니
20 내가 이제라도 너희와 함께 있어
내 언성을 높이려 함은 너희에 대
하여 의혹이 있음이라

하갈과 사라

21 내게 말하라 율법 아래에 있고자
하는 자들아 율법을 듣지 못하였
느냐
22 기록된 바 아브라함에게 두 아들
이 있으니 하나는 여종에게서, 하
나는 자유 있는 여자에게서 났다
하였으며
23 여종에게서는 육체를 따라 났고
자유 있는 여자에게서는 약속으
로 말미암았느니라
24 이것은 비유니 이 여자들은 두 언
약이라 하나는 시내 산으로부터
종을 낳은 자니 곧 하갈이라
25 이 하갈은 아라비아에 있는 시내
산으로서 지금 있는 예루살렘과
같은 곳이니 그가 그 자녀들과 더
불어 종 노릇 하고
26 오직 위에 있는 예루살렘은 자유
자니 곧 우리 어머니라
27 기록된 바 잉태하지 못한 자여 즐
거워하라 산고를 모르는 자여 소

20】

21】

22】

23】

24】

25】

26】

27】

리 질러 외치라 이는 홀로 사는 자
의 자녀가 남편 있는 자의 자녀보
다 많음이라 하였으니
28 형제들아 너희는 이삭과 같이 약
속의 자녀라
29 그러나 그 때에 육체를 따라 난 자
가 성령을 따라 난 자를 박해한 것
같이 이제도 그러하도다
30 그러나 성경이 무엇을 말하느냐
여종과 그 아들을 내쫓으라 여종
의 아들이 자유 있는 여자의 아들
과 더불어 유업을 얻지 못하리라
하였느니라
31 그런즉 형제들아 우리는 여종의
자녀가 아니요 자유 있는 여자의
자녀니라

28】

29】

30】

31】

5

1 그리스도께서 우리를 자유롭게
하려고 자유를 주셨으니 그러므
로 굳건하게 서서 다시는 종의 멍
에를 메지 말라

그리스도인의 자유와 사랑

2 보라 나 바울은 너희에게 말하노
니 너희가 만일 할례를 받으면 그
리스도께서 너희에게 아무 유익
이 없으리라
3 내가 할례를 받는 각 사람에게 다

1】

2】

3】

시 증언하노니 그는 율법 전체를
행할 의무를 가진 자라
4 율법 안에서 의롭다 함을 얻으려
하는 너희는 그리스도에게서 끊
어지고 은혜에서 떨어진 자로다
5 우리가 성령으로 믿음을 따라 의
의 소망을 기다리노니
6 그리스도 예수 안에서는 할례나
무할례나 효력이 없으되 사랑으
로써 역사하는 믿음뿐이니라
7 너희가 달음질을 잘 하더니 누가
너희를 막아 진리를 순종하지 못
하게 하더냐
8 그 권면은 너희를 부르신 이에게
서 난 것이 아니니라
9 적은 누룩이 온 덩이에 퍼지느니라
10 나는 너희가 아무 다른 마음을 품
지 아니할 줄을 주 안에서 확신하
노라 그러나 너희를 요동하게 하는
자는 누구든지 심판을 받으리라
11 형제들아 내가 지금까지 할례를
전한다면 어찌하여 지금까지 박
해를 받으리요 그리하였으면 십
자가의 걸림돌이 제거되었으리니
12 너희를 어지럽게 하는 자들은 스
스로 베어 버리기를 원하노라
13 형제들아 너희가 자유를 위하여

4】
5】
6】
7】
8】
9】
10】
11】
12】
13】

부르심을 입었으나 그러나 그 자
유로 육체의 기회를 삼지 말고 오
직 사랑으로 서로 종 노릇 하라
14 온 율법은 네 이웃 사랑하기를 네
자신 같이 하라 하신 한 말씀에서
이루어졌나니
15 만일 서로 물고 먹으면 피차 멸망
할까 조심하라

육체의 일과 성령의 열매

16 내가 이르노니 너희는 성령을 따
라 행하라 그리하면 육체의 욕심
을 이루지 아니하리라
17 육체의 소욕은 성령을 거스르고 성
령은 육체를 거스르나니 이 둘이
서로 대적함으로 너희가 원하는 것
을 하지 못하게 하려 함이니라
18 너희가 만일 성령의 인도하시는
바가 되면 율법 아래에 있지 아니
하리라
19 육체의 일은 분명하니 곧 음행과
더러운 것과 호색과
20 우상 숭배와 주술과 원수 맺는 것
과 분쟁과 시기와 분냄과 당 짓는
것과 분열함과 이단과
21 투기와 술 취함과 방탕함과 또 그
와 같은 것들이라 전에 너희에게
경계한 것 같이 경계하노니 이런

14】

15】

16】

17】

18】

19】

20】

21】

일을 하는 자들은 하나님의 나라
를 유업으로 받지 못할 것이요
22 오직 성령의 열매는 사랑과 희락
과 화평과 오래 참음과 자비와 양
선과 충성과
23 온유와 절제니 이같은 것을 금지
할 법이 없느니라
24 그리스도 예수의 사람들은 육체
와 함께 그 정욕과 탐심을 십자가
에 못 박았느니라
25 만일 우리가 성령으로 살면 또한
성령으로 행할지니
26 헛된 영광을 구하여 서로 노엽게
하거나 서로 투기하지 말지니라

22】

23】

24】

25】

26】

짐을 서로 지라

6 1 형제들아 사람이 만일 무슨 범
죄한 일이 드러나거든 신령한
너희는 온유한 심령으로 그러한 자
를 바로잡고 너 자신을 살펴보아
너도 시험을 받을까 두려워하라
2 너희가 짐을 서로 지라 그리하여
그리스도의 법을 성취하라
3 만일 누가 아무 것도 되지 못하고
된 줄로 생각하면 스스로 속임이라
4 각각 자기의 일을 살피라 그리하
면 자랑할 것이 자기에게는 있어

1】

2】

3】

4】

도 남에게는 있지 아니하리니
5 각각 자기의 짐을 질 것이라
6 가르침을 받는 자는 말씀을 가르치
는 자와 모든 좋은 것을 함께 하라
7 스스로 속이지 말라 하나님은 업
신여김을 받지 아니하시나니 사
람이 무엇으로 심든지 그대로 거
두리라
8 자기의 육체를 위하여 심는 자는
육체로부터 썩어질 것을 거두고
성령을 위하여 심는 자는 성령으
로부터 영생을 거두리라
9 우리가 선을 행하되 낙심하지 말
지니 포기하지 아니하면 때가 이
르매 거두리라
10 그러므로 우리는 기회 있는 대로
모든 이에게 착한 일을 하되 더욱
믿음의 가정들에게 할지니라

할례와 그리스도의 십자가

11 내 손으로 너희에게 이렇게 큰 글
자로 쓴 것을 보라
12 무릇 육체의 모양을 내려 하는 자
들이 억지로 너희에게 할례를 받게
함은 그들이 그리스도의 십자가로
말미암아 박해를 면하려 함뿐이라
13 할례를 받은 그들이라도 스스로 율
법은 지키지 아니하고 너희에게 할

5】
6】
7】
8】
9】
10】
11】
12】
13】

년 월 일

례를 받게 하려 하는 것은 그들이
너희의 육체로 자랑하려 함이라
14 그러나 내게는 우리 주 예수 그
리스도의 십자가 외에 결코 자랑
할 것이 없으니 그리스도로 말미
암아 세상이 나를 대하여 십자가
에 못 박히고 내가 또한 세상을 대
하여 그러하니라
15 할례나 무할례가 아무 것도 아니
로되 오직 새로 지으심을 받는 것
만이 중요하니라
16 무릇 이 규례를 행하는 자에게와
하나님의 이스라엘에게 평강과
긍휼이 있을지어다
17 이 후로는 누구든지 나를 괴롭게
하지 말라 내가 내 몸에 예수의 흔
적을 지니고 있노라
18 형제들아 우리 주 예수 그리스도
의 은혜가 너희 심령에 있을지어
다 아멘

14】

15】

16】

17】

18】

에베소서

(1-6장)

인사

1 1 하나님의 뜻으로 말미암아 그
리스도 예수의 사도 된 바울은

1】

에베소에 있는 성도들과 그리스
도 예수 안에 있는 신실한 자들에
게 편지하노니
2 하나님 우리 아버지와 주 예수 그
리스도로부터 은혜와 평강이 너
희에게 있을지어다

하늘에 속한 신령한 복

3 찬송하리로다 하나님 곧 우리 주
예수 그리스도의 아버지께서 그
리스도 안에서 하늘에 속한 모든
신령한 복을 우리에게 주시되
4 곧 창세 전에 그리스도 안에서 우리
를 택하사 우리로 사랑 안에서 그
앞에 거룩하고 흠이 없게 하시려고
5 그 기쁘신 뜻대로 우리를 예정하
사 예수 그리스도로 말미암아 자
기의 아들들이 되게 하셨으니
6 이는 그가 사랑하시는 자 안에서
우리에게 거저 주시는 바 그의 은
혜의 영광을 찬송하게 하려는 것
이라
7 우리는 그리스도 안에서 그의 은
혜의 풍성함을 따라 그의 피로 말
미암아 속량 곧 죄 사함을 받았느
니라
8 이는 그가 모든 지혜와 총명을 우
리에게 넘치게 하사

2】

3】

4】

5】

6】

7】

8】

년 월 일

9 그 뜻의 비밀을 우리에게 알리신
것이요 그의 기뻐하심을 따라 그
리스도 안에서 때가 찬 경륜을 위
하여 예정하신 것이니
10 하늘에 있는 것이나 땅에 있는 것
이 다 그리스도 안에서 통일되게
하려 하심이라
11 모든 일을 그의 뜻의 결정대로 일
하시는 이의 계획을 따라 우리가
예정을 입어 그 안에서 기업이 되
었으니
12 이는 우리가 그리스도 안에서 전
부터 바라던 그의 영광의 찬송이
되게 하려 하심이라
13 그 안에서 너희도 진리의 말씀 곧
너희의 구원의 복음을 듣고 그 안
에서 또한 믿어 약속의 성령으로
인치심을 받았으니
14 이는 우리 기업의 보증이 되사 그
얻으신 것을 속량하시고 그의 영
광을 찬송하게 하려 하심이라

바울의 기도

15 이로 말미암아 주 예수 안에서 너
희 믿음과 모든 성도를 향한 사랑
을 나도 듣고
16 내가 기도할 때에 기억하며 너희
로 말미암아 감사하기를 그치지

9】

10】

11】

12】

13】

14】

15】

16】

아니하고

17 우리 주 예수 그리스도의 하나님,
영광의 아버지께서 지혜와 계시
의 영을 너희에게 주사 하나님을
알게 하시고

18 너희 마음의 눈을 밝히사 그의 부
르심의 소망이 무엇이며 성도 안
에서 그 기업의 영광의 풍성함이
무엇이며

19 그의 힘의 위력으로 역사하심을
따라 믿는 우리에게 베푸신 능력
의 지극히 크심이 어떠한 것을 너
희로 알게 하시기를 구하노라

20 그의 능력이 그리스도 안에서 역
사하사 죽은 자들 가운데서 다시
살리시고 하늘에서 자기의 오른
편에 앉히사

21 모든 통치와 권세와 능력과 주권
과 이 세상뿐 아니라 오는 세상에
일컫는 모든 이름 위에 뛰어나게
하시고

22 또 만물을 그의 발 아래에 복종하
게 하시고 그를 만물 위에 교회의
머리로 삼으셨느니라

23 교회는 그의 몸이니 만물 안에서
만물을 충만하게 하시는 이의 충
만함이니라

17】

18】

19】

20】

21】

22】

23】

허물과 죄로 죽었던 너희를 살리셨다

2 1 그는 허물과 죄로 죽었던 너희
를 살리셨도다
2 그 때에 너희는 그 가운데서 행하
여 이 세상 풍조를 따르고 공중의
권세 잡은 자를 따랐으니 곧 지
금 불순종의 아들들 가운데서 역
사하는 영이라
3 전에는 우리도 다 그 가운데서 우
리 육체의 욕심을 따라 지내며 육
체와 마음의 원하는 것을 하여 다
른 이들과 같이 본질상 진노의 자
녀이었더니
4 긍휼이 풍성하신 하나님이 우리
를 사랑하신 그 큰 사랑을 인하여
5 허물로 죽은 우리를 그리스도와
함께 살리셨고(너희는 은혜로 구
원을 받은 것이라)
6 또 함께 일으키사 그리스도 예수
안에서 함께 하늘에 앉히시니
7 이는 그리스도 예수 안에서 우리
에게 자비하심으로써 그 은혜의
지극히 풍성함을 오는 여러 세대
에 나타내려 하심이라
8 너희는 그 은혜에 의하여 믿음으
로 말미암아 구원을 받았으니 이
것은 너희에게서 난 것이 아니요

1】

2】

3】

4】

5】

6】

7】

8】

하나님의 선물이라
9 행위에서 난 것이 아니니 이는 누
구든지 자랑하지 못하게 함이라
10 우리는 그가 만드신 바라 그리스
도 예수 안에서 선한 일을 위하여
지으심을 받은 자니 이 일은 하나
님이 전에 예비하사 우리로 그 가
운데서 행하게 하려 하심이니라

십자가로 화목하게 하시다

11 그러므로 생각하라 너희는 그 때에
육체로는 이방인이요 손으로 육체
에 행한 할례를 받은 무리라 칭하
는 자들로부터 할례를 받지 않은
무리라 칭함을 받는 자들이라
12 그 때에 너희는 그리스도 밖에 있
었고 이스라엘 나라 밖의 사람이
라 약속의 언약들에 대하여는 외
인이요 세상에서 소망이 없고 하
나님도 없는 자이더니
13 이제는 전에 멀리 있던 너희가 그
리스도 예수 안에서 그리스도의
피로 가까워졌느니라
14 그는 우리의 화평이신지라 둘로
하나를 만드사 원수 된 것 곧 중간
에 막힌 담을 자기 육체로 허시고
15 법조문으로 된 계명의 율법을 폐하
셨으니 이는 이 둘로 자기 안에서 한

9】

10】

11】

12】

13】

14】

15】

새 사람을 지어 화평하게 하시고
16 또 십자가로 이 둘을 한 몸으로 하
나님과 화목하게 하려 하심이라 원
수 된 것을 십자가로 소멸하시고
17 또 오셔서 먼 데 있는 너희에게 평
안을 전하시고 가까운 데 있는 자
들에게 평안을 전하셨으니
18 이는 그로 말미암아 우리 둘이 한
성령 안에서 아버지께 나아감을
얻게 하려 하심이라
19 그러므로 이제부터 너희는 외인
도 아니요 나그네도 아니요 오직
성도들과 동일한 시민이요 하나
님의 권속이라
20 너희는 사도들과 선지자들의 터
위에 세우심을 입은 자라 그리스
도 예수께서 친히 모퉁잇돌이 되
셨느니라
21 그의 안에서 건물마다 서로 연결
하여 주 안에서 성전이 되어 가고
22 너희도 성령 안에서 하나님이 거하
실 처소가 되기 위하여 그리스도
예수 안에서 함께 지어져 가느니라

16】

17】

18】

19】

20】

21】

22】

하나님의 구원의 경륜의 비밀

3 1 이러므로 그리스도 예수의 일
로 너희 이방인을 위하여 갇힌

1】

자 된 나 바울이 말하거니와
2 너희를 위하여 내게 주신 하나님
의 그 은혜의 경륜을 너희가 들었
을 터이라
3 곧 계시로 내게 비밀을 알게 하신
것은 내가 먼저 간단히 기록함과
같으니
4 그것을 읽으면 내가 그리스도의
비밀을 깨달은 것을 너희가 알 수
있으리라
5 이제 그의 거룩한 사도들과 선지
자들에게 성령으로 나타내신 것
같이 다른 세대에서는 사람의 아
들들에게 알리지 아니하셨으니
6 이는 이방인들이 복음으로 말미암
아 그리스도 예수 안에서 함께 상
속자가 되고 함께 지체가 되고 함
께 약속에 참여하는 자가 됨이라
7 이 복음을 위하여 그의 능력이 역
사하시는 대로 내게 주신 하나님
의 은혜의 선물을 따라 내가 일꾼
이 되었노라
8 모든 성도 중에 지극히 작은 자보
다 더 작은 나에게 이 은혜를 주
신 것은 측량할 수 없는 그리스도
의 풍성함을 이방인에게 전하게
하시고

2]

3]

4]

5]

6]

7]

8]

9 영원부터 만물을 창조하신 하나
님 속에 감추어졌던 비밀의 경륜
이 어떠한 것을 드러내게 하려 하
심이라
10 이는 이제 교회로 말미암아 하늘
에 있는 통치자들과 권세들에게
하나님의 각종 지혜를 알게 하려
하심이니
11 곧 영원부터 우리 주 그리스도 예
수 안에서 예정하신 뜻대로 하신
것이라
12 우리가 그 안에서 그를 믿음으로
말미암아 담대함과 확신을 가지
고 하나님께 나아감을 얻느니라
13 그러므로 너희에게 구하노니 너
희를 위한 나의 여러 환난에 대하
여 낙심하지 말라 이는 너희의 영
광이니라

그리스도의 사랑을 알게 하시기를

14 이러므로 내가 하늘과 땅에 있는
각 족속에게
15 이름을 주신 아버지 앞에 무릎을
꿇고 비노니
16 그의 영광의 풍성함을 따라 그의
성령으로 말미암아 너희 속사람
을 능력으로 강건하게 하시오며
17 믿음으로 말미암아 그리스도께서

9】

10】

11】

12】

13】

14】

15】

16】

17】

너희 마음에 계시게 하시옵고 너
희가 사랑 가운데서 뿌리가 박히
고 터가 굳어져서
18 능히 모든 성도와 함께 지식에 넘
치는 그리스도의 사랑을 알고
19 그 너비와 길이와 높이와 깊이가
어떠함을 깨달아 하나님의 모든
충만하신 것으로 너희에게 충만
하게 하시기를 구하노라
20 우리 가운데서 역사하시는 능력
대로 우리가 구하거나 생각하는
모든 것에 더 넘치도록 능히 하
실 이에게
21 교회 안에서와 그리스도 예수 안
에서 영광이 대대로 영원무궁하
기를 원하노라 아멘

18】

19】

20】

21】

성령이 하나되게 하신 것

4 1 그러므로 주 안에서 갇힌 내가
너희를 권하노니 너희가 부르
심을 받은 일에 합당하게 행하여
2 모든 겸손과 온유로 하고 오래 참음
으로 사랑 가운데서 서로 용납하고
3 평안의 매는 줄로 성령이 하나 되
게 하신 것을 힘써 지키라
4 몸이 하나요 성령도 한 분이시니
이와 같이 너희가 부르심의 한 소

1】

2】

3】

4】

망 안에서 부르심을 받았느니라
5 주도 한 분이시요 믿음도 하나요
세례도 하나요
6 하나님도 한 분이시니 곧 만유의 아
버지시라 만유 위에 계시고 만유를
통일하시고 만유 가운데 계시도다
7 우리 각 사람에게 그리스도의 선
물의 분량대로 은혜를 주셨나니
8 그러므로 이르기를 그가 위로 올
라가실 때에 사로잡혔던 자들을
사로잡으시고 사람들에게 선물을
주셨다 하였도다
9 올라가셨다 하였은즉 땅 아래 낮
은 곳으로 내리셨던 것이 아니면
무엇이냐
10 내리셨던 그가 곧 모든 하늘 위에
오르신 자니 이는 만물을 충만하
게 하려 하심이라
11 그가 어떤 사람은 사도로, 어떤 사
람은 선지자로, 어떤 사람은 복음
전하는 자로, 어떤 사람은 목사와
교사로 삼으셨으니
12 이는 성도를 온전하게 하여 봉사
의 일을 하게 하며 그리스도의 몸
을 세우려 하심이라
13 우리가 다 하나님의 아들을 믿는
것과 아는 일에 하나가 되어 온전

5】

6】

7】

8】

9】

10】

11】

12】

13】

한 사람을 이루어 그리스도의 장성
한 분량이 충만한 데까지 이르리니
14 이는 우리가 이제부터 어린 아이
가 되지 아니하여 사람의 속임수
와 간사한 유혹에 빠져 온갖 교훈
의 풍조에 밀려 요동하지 않게 하
려 함이라
15 오직 사랑 안에서 참된 것을 하여
범사에 그에게까지 자랄지라 그
는 머리니 곧 그리스도라
16 그에게서 온 몸이 각 마디를 통하
여 도움을 받음으로 연결되고 결
합되어 각 지체의 분량대로 역사
하여 그 몸을 자라게 하며 사랑 안
에서 스스로 세우느니라

옛 사람과 새 사람

17 그러므로 내가 이것을 말하며 주
안에서 증언하노니 이제부터 너
희는 이방인이 그 마음의 허망한
것으로 행함 같이 행하지 말라
18 그들의 총명이 어두워지고 그들
가운데 있는 무지함과 그들의 마
음이 굳어짐으로 말미암아 하나
님의 생명에서 떠나 있도다
19 그들이 감각 없는 자가 되어 자신
을 방탕에 방임하여 모든 더러운
것을 욕심으로 행하되

14】

15】

16】

17】

18】

19】

년 월 일

20 오직 너희는 그리스도를 그같이
배우지 아니하였느니라
21 진리가 예수 안에 있는 것 같이 너
희가 참으로 그에게서 듣고 또한
그 안에서 가르침을 받았을진대
22 너희는 유혹의 욕심을 따라 썩어
져 가는 구습을 따르는 옛 사람을
벗어 버리고
23 오직 너희의 심령이 새롭게 되어
24 하나님을 따라 의와 진리의 거룩
함으로 지으심을 받은 새 사람을
입으라

하나님을 본받는 생활

25 그런즉 거짓을 버리고 각각 그 이
웃과 더불어 참된 것을 말하라 이
는 우리가 서로 지체가 됨이라
26 분을 내어도 죄를 짓지 말며 해가
지도록 분을 품지 말고
27 마귀에게 틈을 주지 말라
28 도둑질하는 자는 다시 도둑질하
지 말고 돌이켜 가난한 자에게 구
제할 수 있도록 자기 손으로 수고
하여 선한 일을 하라
29 무릇 더러운 말은 너희 입 밖에도
내지 말고 오직 덕을 세우는 데 소
용되는 대로 선한 말을 하여 듣는
자들에게 은혜를 끼치게 하라

20】

21】

22】

23】

24】

25】

26】

27】

28】

29】

30 하나님의 성령을 근심하게 하지
말라 그 안에서 너희가 구원의 날
까지 인치심을 받았느니라
31 너희는 모든 악독과 노함과 분냄
과 떠드는 것과 비방하는 것을 모
든 악의와 함께 버리고
32 서로 친절하게 하며 불쌍히 여기
며 서로 용서하기를 하나님이 그
리스도 안에서 너희를 용서하심
과 같이 하라

5 1 그러므로 사랑을 받는 자녀 같이
너희는 하나님을 본받는 자가
되고
2 그리스도께서 너희를 사랑하신
것 같이 너희도 사랑 가운데서 행
하라 그는 우리를 위하여 자신을
버리사 향기로운 제물과 희생제
물로 하나님께 드리셨느니라
3 음행과 온갖 더러운 것과 탐욕은
너희 중에서 그 이름조차도 부르
지 말라 이는 성도에게 마땅한 바
니라
4 누추함과 어리석은 말이나 희롱
의 말이 마땅치 아니하니 오히려
감사하는 말을 하라
5 너희도 정녕 이것을 알거니와 음

30】

31】

32】

1】

2】

3】

4】

5】

행하는 자나 더러운 자나 탐하는
자 곧 우상 숭배자는 다 그리스도
와 하나님의 나라에서 기업을 얻
지 못하리니
6 누구든지 헛된 말로 너희를 속이
지 못하게 하라 이로 말미암아 하
나님의 진노가 불순종의 아들들
에게 임하나니
7 그러므로 그들과 함께 하는 자가
되지 말라
8 너희가 전에는 어둠이더니 이제
는 주 안에서 빛이라 빛의 자녀들
처럼 행하라
9 빛의 열매는 모든 착함과 의로움
과 진실함에 있느니라
10 주를 기쁘시게 할 것이 무엇인가
시험하여 보라
11 너희는 열매 없는 어둠의 일에 참
여하지 말고 도리어 책망하라
12 그들이 은밀히 행하는 것들은 말
하기도 부끄러운 것들이라
13 그러나 책망을 받는 모든 것은 빛
으로 말미암아 드러나나니 드러
나는 것마다 빛이니라
14 그러므로 이르시기를 잠자는 자
여 깨어서 죽은 자들 가운데서 일
어나라 그리스도께서 너에게 비

6】

7】

8】

9】

10】

11】

12】

13】

14】

추이시리라 하셨느니라

그리스도의 이름으로 감사하라

15 그런즉 너희가 어떻게 행할지를
자세히 주의하여 지혜 없는 자 같
이 하지 말고 오직 지혜 있는 자
같이 하여
16 세월을 아끼라 때가 악하니라
17 그러므로 어리석은 자가 되지 말
고 오직 주의 뜻이 무엇인가 이해
하라
18 술 취하지 말라 이는 방탕한 것이니
오직 성령으로 충만함을 받으라
19 시와 찬송과 신령한 노래들로 서
로 화답하며 너희의 마음으로 주
께 노래하며 찬송하며
20 범사에 우리 주 예수 그리스도의
이름으로 항상 아버지 하나님께
감사하며
21 그리스도를 경외함으로 피차 복
종하라

아내와 남편

22 아내들이여 자기 남편에게 복종
하기를 주께 하듯 하라
23 이는 남편이 아내의 머리 됨이 그
리스도께서 교회의 머리 됨과 같음
이니 그가 바로 몸의 구주시니라
24 그러므로 교회가 그리스도에게

15】

16】

17】

18】

19】

20】

21】

22】

23】

24】

하듯 아내들도 범사에 자기 남편
에게 복종할지니라
25 남편들아 아내 사랑하기를 그리
스도께서 교회를 사랑하시고 그
교회를 위하여 자신을 주심 같이
하라
26 이는 곧 물로 씻어 말씀으로 깨끗
하게 하사 거룩하게 하시고
27 자기 앞에 영광스러운 교회로 세
우사 티나 주름 잡힌 것이나 이런
것들이 없이 거룩하고 흠이 없게
하려 하심이라
28 이와 같이 남편들도 자기 아내 사
랑하기를 자기 자신과 같이 할지
니 자기 아내를 사랑하는 자는 자
기를 사랑하는 것이라
29 누구든지 언제나 자기 육체를 미
워하지 않고 오직 양육하여 보호
하기를 그리스도께서 교회에게
함과 같이 하나니
30 우리는 그 몸의 지체임이라
31 그러므로 사람이 부모를 떠나 그
의 아내와 합하여 그 둘이 한 육
체가 될지니
32 이 비밀이 크도다 나는 그리스도
와 교회에 대하여 말하노라
33 그러나 너희도 각각 자기의 아내

25】

26】

27】

28】

29】

30】

31】

32】

33】

사랑하기를 자신 같이 하고 아내
도 자기 남편을 존경하라

자녀와 부모

6 1 자녀들아 주 안에서 너희 부모
에게 순종하라 이것이 옳으니라
2 네 아버지와 어머니를 공경하라
이것은 약속이 있는 첫 계명이니
3 이로써 네가 잘되고 땅에서 장수
하리라
4 또 아비들아 너희 자녀를 노엽게
하지 말고 오직 주의 교훈과 훈계
로 양육하라

종과 상전

5 종들아 두려워하고 떨며 성실한
마음으로 육체의 상전에게 순종
하기를 그리스도께 하듯 하라
6 눈가림만 하여 사람을 기쁘게 하
는 자처럼 하지 말고 그리스도의
종들처럼 마음으로 하나님의 뜻
을 행하고
7 기쁜 마음으로 섬기기를 주께 하듯
하고 사람들에게 하듯 하지 말라
8 이는 각 사람이 무슨 선을 행하든
지 종이나 자유인이나 주께로부
터 그대로 받을 줄을 앎이라
9 상전들아 너희도 그들에게 이와

1】

2】

3】

4】

5】

6】

7】

8】

9】

같이 하고 위협을 그치라 이는 그
들과 너희의 상전이 하늘에 계시
고 그에게는 사람을 외모로 취하
는 일이 없는 줄 너희가 앎이라

마귀를 대적하는 싸움

10 끝으로 너희가 주 안에서와 그 힘
의 능력으로 강건하여지고
11 마귀의 간계를 능히 대적하기 위
하여 하나님의 전신 갑주를 입
으라
12 우리의 씨름은 혈과 육을 상대하
는 것이 아니요 통치자들과 권세
들과 이 어둠의 세상 주관자들과
하늘에 있는 악의 영들을 상대함
이라
13 그러므로 하나님의 전신 갑주를
취하라 이는 악한 날에 너희가 능
히 대적하고 모든 일을 행한 후에
서기 위함이라
14 그런즉 서서 진리로 너희 허리 띠
를 띠고 의의 호심경을 붙이고
15 평안의 복음이 준비한 것으로 신
을 신고
16 모든 것 위에 믿음의 방패를 가지
고 이로써 능히 악한 자의 모든 불
화살을 소멸하고
17 구원의 투구와 성령의 검 곧 하나

10】
11】
12】
13】
14】
15】
16】
17】

님의 말씀을 가지라
18 모든 기도와 간구를 하되 항상 성
령 안에서 기도하고 이를 위하여
깨어 구하기를 항상 힘쓰며 여러
성도를 위하여 구하라
19 또 나를 위하여 구할 것은 내게
말씀을 주사 나로 입을 열어 복음
의 비밀을 담대히 알리게 하옵소
서 할 것이니
20 이 일을 위하여 내가 쇠사슬에 매
인 사신이 된 것은 나로 이 일에
당연히 할 말을 담대히 하게 하려
하심이라

끝 인사
21 나의 사정 곧 내가 무엇을 하는
지 너희에게도 알리려 하노니 사
랑을 받은 형제요 주 안에서 진실
한 일꾼인 두기고가 모든 일을 너
희에게 알리리라
22 우리 사정을 알리고 또 너희 마음
을 위로하기 위하여 내가 특별히
그를 너희에게 보내었노라
23 아버지 하나님과 주 예수 그리스
도께로부터 평안과 믿음을 겸한
사랑이 형제들에게 있을지어다
24 우리 주 예수 그리스도를 변함 없
이 사랑하는 모든 자에게 은혜가

18】

19】

20】

21】

22】

23】

24】

년 월 일

있을지어다

빌립보서

(1-4장)

인사

1 1 그리스도 예수의 종 바울과 디
모데는 그리스도 예수 안에서
빌립보에 사는 모든 성도와 또한
감독들과 집사들에게 편지하노니
2 하나님 우리 아버지와 주 예수 그
리스도로부터 은혜와 평강이 너
희에게 있을지어다

빌립보 성도들을 생각하며 간구하다

3 내가 너희를 생각할 때마다 나의
하나님께 감사하며
4 간구할 때마다 너희 무리를 위하
여 기쁨으로 항상 간구함은
5 너희가 첫날부터 이제까지 복음
을 위한 일에 참여하고 있기 때
문이라
6 너희 안에서 착한 일을 시작하신
이가 그리스도 예수의 날까지 이
루실 줄을 우리는 확신하노라
7 내가 너희 무리를 위하여 이와 같
이 생각하는 것이 마땅하니 이는
너희가 내 마음에 있음이며 나의

1】

2】

3】

4】

5】

6】

7】

매임과 복음을 변명함과 확정함
에 너희가 다 나와 함께 은혜에
참여한 자가 됨이라
8 내가 예수 그리스도의 심장으로
너희 무리를 얼마나 사모하는지
하나님이 내 증인이시니라
9 내가 기도하노라 너희 사랑을 지
식과 모든 총명으로 점점 더 풍성
하게 하사
10 너희로 지극히 선한 것을 분별하
며 또 진실하여 허물 없이 그리스
도의 날까지 이르고
11 예수 그리스도로 말미암아 의의
열매가 가득하여 하나님의 영광
과 찬송이 되기를 원하노라

바울의 매임과 복음 전파

12 형제들아 내가 당한 일이 도리어
복음 전파에 진전이 된 줄을 너희
가 알기를 원하노라
13 이러므로 나의 매임이 그리스도
안에서 모든 시위대 안과 그 밖의
모든 사람에게 나타났으니
14 형제 중 다수가 나의 매임으로 말
미암아 주 안에서 신뢰함으로 겁
없이 하나님의 말씀을 더욱 담대
히 전하게 되었느니라
15 어떤 이들은 투기와 분쟁으로, 어

8】

9】

10】

11】

12】

13】

14】

15】

떤 이들은 착한 뜻으로 그리스도
를 전파하나니
16 이들은 내가 복음을 변증하기 위
하여 세우심을 받은 줄 알고 사랑
으로 하나
17 그들은 나의 매임에 괴로움을 더
하게 할 줄로 생각하여 순수하지
못하게 다툼으로 그리스도를 전
파하느니라
18 그러면 무엇이냐 겉치레로 하나
참으로 하나 무슨 방도로 하든지
전파되는 것은 그리스도니 이로써
나는 기뻐하고 또한 기뻐하리라
19 이것이 너희의 간구와 예수 그리
스도의 성령의 도우심으로 나를
구원에 이르게 할 줄 아는 고로
20 나의 간절한 기대와 소망을 따라
아무 일에든지 부끄러워하지 아
니하고 지금도 전과 같이 온전히
담대하여 살든지 죽든지 내 몸에
서 그리스도가 존귀하게 되게 하
려 하나니
21 이는 내게 사는 것이 그리스도니
죽는 것도 유익함이라
22 그러나 만일 육신으로 사는 이것
이 내 일의 열매일진대 무엇을 택
해야 할는지 나는 알지 못하노라

16】

17】

18】

19】

20】

21】

22】

23 내가 그 둘 사이에 끼었으니 차라
리 세상을 떠나서 그리스도와 함
께 있는 것이 훨씬 더 좋은 일이라
그렇게 하고 싶으나
24 내가 육신으로 있는 것이 너희를
위하여 더 유익하리라
25 내가 살 것과 너희 믿음의 진보와
기쁨을 위하여 너희 무리와 함께
거할 이것을 확실히 아노니
26 내가 다시 너희와 같이 있음으로
그리스도 예수 안에서 너희 자랑
이 나로 말미암아 풍성하게 하려
함이라
27 오직 너희는 그리스도의 복음에 합
당하게 생활하라 이는 내가 너희에
게 가 보나 떠나 있으나 너희가 한
마음으로 서서 한 뜻으로 복음의
신앙을 위하여 협력하는 것과
28 무슨 일에든지 대적하는 자들 때
문에 두려워하지 아니하는 이 일
을 듣고자 함이라 이것이 그들에
게는 멸망의 증거요 너희에게는
구원의 증거니 이는 하나님께로
부터 난 것이라
29 그리스도를 위하여 너희에게 은
혜를 주신 것은 다만 그를 믿을
뿐 아니라 또한 그를 위하여 고난

23】

24】

25】

26】

27】

28】

29】

도 받게 하려 하심이라
30 너희에게도 그와 같은 싸움이 있
으니 너희가 내 안에서 본 바요 이
제도 내 안에서 듣는 바니라

30】

그리스도의 겸손

2 1 그러므로 그리스도 안에 무슨
권면이나 사랑의 무슨 위로나
성령의 무슨 교제나 긍휼이나 자
비가 있거든
2 마음을 같이하여 같은 사랑을 가
지고 뜻을 합하며 한마음을 품어
3 아무 일에든지 다툼이나 허영으로
하지 말고 오직 겸손한 마음으로
각각 자기보다 남을 낫게 여기고
4 각각 자기 일을 돌볼뿐더러 또한
각각 다른 사람들의 일을 돌보아
나의 기쁨을 충만하게 하라
5 너희 안에 이 마음을 품으라 곧 그
리스도 예수의 마음이니
6 그는 근본 하나님의 본체시나 하
나님과 동등됨을 취할 것으로 여
기지 아니하시고
7 오히려 자기를 비워 종의 형체를
가지사 사람들과 같이 되셨고
8 사람의 모양으로 나타나사 자기
를 낮추시고 죽기까지 복종하셨

1】

2】

3】

4】

5】

6】

7】

8】

으니 곧 십자가에 죽으심이라
9 이러므로 하나님이 그를 지극히
높여 모든 이름 위에 뛰어난 이름
을 주사
10 하늘에 있는 자들과 땅에 있는 자
들과 땅 아래에 있는 자들로 모
든 무릎을 예수의 이름에 꿇게 하
시고
11 모든 입으로 예수 그리스도를 주
라 시인하여 하나님 아버지께 영
광을 돌리게 하셨느니라

하나님의 흠없는 자녀로 살라

12 그러므로 나의 사랑하는 자들아
너희가 나 있을 때뿐 아니라 더욱
지금 나 없을 때에도 항상 복종하
여 두렵고 떨림으로 너희 구원을
이루라
13 너희 안에서 행하시는 이는 하나
님이시니 자기의 기쁘신 뜻을 위
하여 너희에게 소원을 두고 행하
게 하시나니
14 모든 일을 원망과 시비가 없이 하라
15 이는 너희가 흠이 없고 순전하여
어그러지고 거스르는 세대 가운
데서 하나님의 흠 없는 자녀로 세
상에서 그들 가운데 빛들로 나타
내며

9】

10】

11】

12】

13】

14】

15】

16 생명의 말씀을 밝혀 나의 달음질
이 헛되지 아니하고 수고도 헛되지
아니함으로 그리스도의 날에 내가
자랑할 것이 있게 하려 함이라
17 만일 너희 믿음의 제물과 섬김 위
에 내가 나를 전제로 드릴지라도
나는 기뻐하고 너희 무리와 함께
기뻐하리니
18 이와 같이 너희도 기뻐하고 나와
함께 기뻐하라

디모데와 에바브로디도

19 내가 디모데를 속히 너희에게 보
내기를 주 안에서 바람은 너희의
사정을 앎으로 안위를 받으려 함
이니
20 이는 뜻을 같이하여 너희 사정을
진실히 생각할 자가 이밖에 내게
없음이라
21 그들이 다 자기 일을 구하고 그
리스도 예수의 일을 구하지 아니
하되
22 디모데의 연단을 너희가 아나니
자식이 아버지에게 함같이 나와
함께 복음을 위하여 수고하였느
니라
23 그러므로 내가 내 일이 어떻게 될
지를 보아서 곧 이 사람을 보내기

16】

17】

18】

19】

20】

21】

22】

23】

를 바라고
24 나도 속히 가게 될 것을 주 안에서
확신하노라
25 그러나 에바브로디도를 너희에게
보내는 것이 필요한 줄로 생각하
노니 그는 나의 형제요 함께 수고
하고 함께 군사 된 자요 너희 사자
로 내가 쓸 것을 돕는 자라
26 그가 너희 무리를 간절히 사모하
고 자기가 병든 것을 너희가 들은
줄을 알고 심히 근심한지라
27 그가 병들어 죽게 되었으나 하나
님이 그를 긍휼히 여기셨고 그뿐
아니라 또 나를 긍휼히 여기사 내
근심 위에 근심을 면하게 하셨느
니라
28 그러므로 내가 더욱 급히 그를 보
낸 것은 너희로 그를 다시 보고
기뻐하게 하며 내 근심도 덜려 함
이니라
29 이러므로 너희가 주 안에서 모든
기쁨으로 그를 영접하고 또 이와
같은 자들을 존귀히 여기라
30 그가 그리스도의 일을 위하여 죽기
에 이르러도 자기 목숨을 돌보지
아니한 것은 나를 섬기는 너희의
일에 부족함을 채우려 함이니라

하나님께로부터 난 의

3

1 끝으로 나의 형제들아 주 안에
서 기뻐하라 너희에게 같은 말
을 쓰는 것이 내게는 수고로움이
없고 너희에게는 안전하니라
2 개들을 삼가고 행악하는 자들을 삼
가고 몸을 상해하는 일을 삼가라
3 하나님의 성령으로 봉사하며 그
리스도 예수로 자랑하고 육체를
신뢰하지 아니하는 우리가 곧 할
례파라
4 그러나 나도 육체를 신뢰할 만하
며 만일 누구든지 다른 이가 육체
를 신뢰할 것이 있는 줄로 생각하
면 나는 더욱 그러하리니
5 나는 팔일 만에 할례를 받고 이스
라엘 족속이요 베냐민 지파요 히
브리인 중의 히브리인이요 율법
으로는 바리새인이요
6 열심으로는 교회를 박해하고 율
법의 의로는 흠이 없는 자라
7 그러나 무엇이든지 내게 유익하
던 것을 내가 그리스도를 위하여
다 해로 여길뿐더러
8 또한 모든 것을 해로 여김은 내 주
그리스도 예수를 아는 지식이 가
장 고상하기 때문이라 내가 그를

1】

2】

3】

4】

5】

6】

7】

8】

위하여 모든 것을 잃어버리고 배
설물로 여김은 그리스도를 얻고
9 그 안에서 발견되려 함이니 내가
가진 의는 율법에서 난 것이 아니
요 오직 그리스도를 믿음으로 말
미암은 것이니 곧 믿음으로 하나
님께로부터 난 의라
10 내가 그리스도와 그 부활의 권능
과 그 고난에 참여함을 알고자 하
여 그의 죽으심을 본받아
11 어떻게 해서든지 죽은 자 가운데
서 부활에 이르려 하노니
12 내가 이미 얻었다 함도 아니요 온
전히 이루었다 함도 아니라 오직
내가 그리스도 예수께 잡힌 바 된
그것을 잡으려고 달려가노라
13 형제들아 나는 아직 내가 잡은 줄
로 여기지 아니하고 오직 한 일 즉
뒤에 있는 것은 잊어버리고 앞에
있는 것을 잡으려고
14 푯대를 향하여 그리스도 예수 안
에서 하나님이 위에서 부르신 부
름의 상을 위하여 달려가노라
15 그러므로 누구든지 우리 온전히
이룬 자들은 이렇게 생각할지니
만일 어떤 일에 너희가 달리 생각
하면 하나님이 이것도 너희에게

9】
10】
11】
12】
13】
14】
15】

나타내시리라
16 오직 우리가 어디까지 이르렀든
지 그대로 행할 것이라

우리의 시민권은 하늘에

17 형제들아 너희는 함께 나를 본받
으라 그리고 너희가 우리를 본받
은 것처럼 그와 같이 행하는 자들
을 눈여겨 보라
18 내가 여러 번 너희에게 말하였거
니와 이제도 눈물을 흘리며 말하
노니 여러 사람들이 그리스도의
십자가의 원수로 행하느니라
19 그들의 마침은 멸망이요 그들의 신
은 배요 그 영광은 그들의 부끄러움
에 있고 땅의 일을 생각하는 자라
20 그러나 우리의 시민권은 하늘에 있
는지라 거기로부터 구원하는 자 곧
주 예수 그리스도를 기다리노니
21 그는 만물을 자기에게 복종하게
하실 수 있는 자의 역사로 우리의
낮은 몸을 자기 영광의 몸의 형체
와 같이 변하게 하시리라

4
1 그러므로 나의 사랑하고 사모하
는 형제들, 나의 기쁨이요 면류
관인 사랑하는 자들아 이와 같이
주 안에 서라

16】

17】

18】

19】

20】

21】

1】

권면

2 내가 유오디아를 권하고 순두게
를 권하노니 주 안에서 같은 마음
을 품으라
3 또 참으로 나와 멍에를 같이한 네
게 구하노니 복음에 나와 함께 힘
쓰던 저 여인들을 돕고 또한 글레
멘드와 그 외에 나의 동역자들을
도우라 그 이름들이 생명책에 있
느니라
4 주 안에서 항상 기뻐하라 내가 다
시 말하노니 기뻐하라
5 너희 관용을 모든 사람에게 알게
하라 주께서 가까우시니라
6 아무 것도 염려하지 말고 다만 모
든 일에 기도와 간구로, 너희 구
할 것을 감사함으로 하나님께 아
뢰라
7 그리하면 모든 지각에 뛰어난 하
나님의 평강이 그리스도 예수 안
에서 너희 마음과 생각을 지키시
리라
8 끝으로 형제들아 무엇에든지 참
되며 무엇에든지 경건하며 무엇
에든지 옳으며 무엇에든지 정결
하며 무엇에든지 사랑 받을 만하
며 무엇에든지 칭찬 받을 만하며

2】

3】

4】

5】

6】

7】

8】

무슨 덕이 있든지 무슨 기림이 있
든지 이것들을 생각하라
9 너희는 내게 배우고 받고 듣고 본
바를 행하라 그리하면 평강의 하
나님이 너희와 함께 계시리라

빌립보 사람들의 선물

10 내가 주 안에서 크게 기뻐함은 너
희가 나를 생각하던 것이 이제 다
시 싹이 남이니 너희가 또한 이
를 위하여 생각은 하였으나 기회
가 없었느니라
11 내가 궁핍하므로 말하는 것이 아
니니라 어떠한 형편에든지 나는
자족하기를 배웠노니
12 나는 비천에 처할 줄도 알고 풍부
에 처할 줄도 알아 모든 일 곧 배
부름과 배고픔과 풍부와 궁핍에
도 처할 줄 아는 일체의 비결을
배웠노라
13 내게 능력 주시는 자 안에서 내가
모든 것을 할 수 있느니라
14 그러나 너희가 내 괴로움에 함께
참여하였으니 잘하였도다
15 빌립보 사람들아 너희도 알거니
와 복음의 시초에 내가 마게도냐
를 떠날 때에 주고 받는 내 일에
참여한 교회가 너희 외에 아무도

9】

10】

11】

12】

13】

14】

15】

없었느니라
16 데살로니가에 있을 때에도 너희
가 한 번뿐 아니라 두 번이나 나
의 쓸 것을 보내었도다
17 내가 선물을 구함이 아니요 오직
너희에게 유익하도록 풍성한 열
매를 구함이라
18 내게는 모든 것이 있고 또 풍부
한지라 에바브로디도 편에 너희
가 준 것을 받으므로 내가 풍족하
니 이는 받으실 만한 향기로운 제
물이요 하나님을 기쁘시게 한 것
이라
19 나의 하나님이 그리스도 예수 안
에서 영광 가운데 그 풍성한 대로
너희 모든 쓸 것을 채우시리라
20 하나님 곧 우리 아버지께 세세 무
궁하도록 영광을 돌릴지어다 아멘

끝 인사

21 그리스도 예수 안에 있는 성도에
게 각각 문안하라 나와 함께 있는
형제들이 너희에게 문안하고
22 모든 성도들이 너희에게 문안하
되 특히 가이사의 집 사람들 중
몇이니라
23 주 예수 그리스도의 은혜가 너희
심령에 있을지어다

16】

17】

18】

19】

20】

21】

22】

23】

년　　월　　일

골로새서

(1-4장)

인사

1
1 하나님의 뜻으로 말미암아 그
리스도 예수의 사도 된 바울과
형제 디모데는
2 골로새에 있는 성도들 곧 그리스
도 안에서 신실한 형제들에게 편
지하노니 우리 아버지 하나님으
로부터 은혜와 평강이 너희에게
있을지어다

하나님께 감사를 드리다

3 우리가 너희를 위하여 기도할 때
마다 하나님 곧 우리 주 예수 그리
스도의 아버지께 감사하노라
4 이는 그리스도 예수 안에 너희의
믿음과 모든 성도에 대한 사랑을
들었음이요
5 너희를 위하여 하늘에 쌓아 둔 소
망으로 말미암음이니 곧 너희가
전에 복음 진리의 말씀을 들은 것
이라
6 이 복음이 이미 너희에게 이르매
너희가 듣고 참으로 하나님의 은
혜를 깨달은 날부터 너희 중에서
와 같이 또한 온 천하에서도 열매

1】

2】

3】

4】

5】

6】

를 맺어 자라는도다
7 이와 같이 우리와 함께 종 된 사랑
하는 에바브라에게 너희가 배웠나
니 그는 너희를 위한 그리스도의
신실한 일꾼이요
8 성령 안에서 너희 사랑을 우리에
게 알린 자니라

하나님의 형상이시요 교회의 머리시라

9 이로써 우리도 듣던 날부터 너희
를 위하여 기도하기를 그치지 아
니하고 구하노니 너희로 하여금
모든 신령한 지혜와 총명에 하나
님의 뜻을 아는 것으로 채우게 하
시고
10 주께 합당하게 행하여 범사에 기
쁘시게 하고 모든 선한 일에 열매
를 맺게 하시며 하나님을 아는 것
에 자라게 하시고
11 그의 영광의 힘을 따라 모든 능력
으로 능하게 하시며 기쁨으로 모
든 견딤과 오래 참음에 이르게 하
시고
12 우리로 하여금 빛 가운데서 성도
의 기업의 부분을 얻기에 합당하
게 하신 아버지께 감사하게 하시
기를 원하노라
13 그가 우리를 흑암의 권세에서 건

7】

8】

9】

10】

11】

12】

13】

져내사 그의 사랑의 아들의 나라
로 옮기셨으니
14 그 아들 안에서 우리가 속량 곧 죄
사함을 얻었도다
15 그는 보이지 아니하는 하나님의
형상이시요 모든 피조물보다 먼
저 나신 이시니
16 만물이 그에게서 창조되되 하늘
과 땅에서 보이는 것들과 보이지
않는 것들과 혹은 왕권들이나 주
권들이나 통치자들이나 권세들이
나 만물이 다 그로 말미암고 그를
위하여 창조되었고
17 또한 그가 만물보다 먼저 계시고
만물이 그 안에 함께 섰느니라
18 그는 몸인 교회의 머리시라 그가
근본이시요 죽은 자들 가운데서
먼저 나신 이시니 이는 친히 만물
의 으뜸이 되려 하심이요
19 아버지께서는 모든 충만으로 예
수 안에 거하게 하시고
20 그의 십자가의 피로 화평을 이루
사 만물 곧 땅에 있는 것들이나
하늘에 있는 것들이 그로 말미암
아 자기와 화목하게 되기를 기뻐
하심이라
21 전에 악한 행실로 멀리 떠나 마음

14】

15】

16】

17】

18】

19】

20】

21】

으로 원수가 되었던 너희를
22 이제는 그의 육체의 죽음으로 말
미암아 화목하게 하사 너희를 거
룩하고 흠 없고 책망할 것이 없는
자로 그 앞에 세우고자 하셨으니
23 만일 너희가 믿음에 거하고 터 위
에 굳게 서서 너희 들은 바 복음
의 소망에서 흔들리지 아니하면
그리하리라 이 복음은 천하 만민
에게 전파된 바요 나 바울은 이 복
음의 일꾼이 되었노라

교회를 위하여 바울이 하는 말

24 나는 이제 너희를 위하여 받는 괴
로움을 기뻐하고 그리스도의 남
은 고난을 그의 몸된 교회를 위하
여 내 육체에 채우노라
25 내가 교회의 일꾼 된 것은 하나님
이 너희를 위하여 내게 주신 직분
을 따라 하나님의 말씀을 이루려
함이니라
26 이 비밀은 만세와 만대로부터 감
추어졌던 것인데 이제는 그의 성
도들에게 나타났고
27 하나님이 그들로 하여금 이 비밀
의 영광이 이방인 가운데 얼마나
풍성한지를 알게 하려 하심이라
이 비밀은 너희 안에 계신 그리스

22】

23】

24】

25】

26】

27】

도시니 곧 영광의 소망이니라
28 우리가 그를 전파하여 각 사람을
권하고 모든 지혜로 각 사람을 가
르침은 각 사람을 그리스도 안에
서 완전한 자로 세우려 함이니
29 이를 위하여 나도 내 속에서 능력
으로 역사하시는 이의 역사를 따
라 힘을 다하여 수고하노라

2

1 내가 너희와 라오디게아에 있
는 자들과 무릇 내 육신의 얼굴
을 보지 못한 자들을 위하여 얼마
나 힘쓰는지를 너희가 알기를 원
하노니
2 이는 그들로 마음에 위안을 받고
사랑 안에서 연합하여 확실한 이
해의 모든 풍성함과 하나님의 비
밀인 그리스도를 깨닫게 하려 함
이니
3 그 안에는 지혜와 지식의 모든 보
화가 감추어져 있느니라
4 내가 이것을 말함은 아무도 교묘
한 말로 너희를 속이지 못하게 하
려 함이니
5 이는 내가 육신으로는 떠나 있으
나 심령으로는 너희와 함께 있어
너희가 질서 있게 행함과 그리스

28】

29】

1】

2】

3】

4】

5】

도를 믿는 너희 믿음이 굳건한 것
을 기쁘게 봄이라

그리스도 안에서 행하라

6 그러므로 너희가 그리스도 예수
를 주로 받았으니 그 안에서 행
하되
7 그 안에 뿌리를 박으며 세움을 받
아 교훈을 받은 대로 믿음에 굳게
서서 감사함을 넘치게 하라
8 누가 철학과 헛된 속임수로 너희
를 사로잡을까 주의하라 이것은
사람의 전통과 세상의 초등학문
을 따름이요 그리스도를 따름이
아니니라
9 그 안에는 신성의 모든 충만이 육
체로 거하시고
10 너희도 그 안에서 충만하여졌으
니 그는 모든 통치자와 권세의 머
리시라
11 또 그 안에서 너희가 손으로 하지
아니한 할례를 받았으니 곧 육의
몸을 벗는 것이요 그리스도의 할
례니라
12 너희가 세례로 그리스도와 함께
장사되고 또 죽은 자들 가운데서
그를 일으키신 하나님의 역사를
믿음으로 말미암아 그 안에서 함

6】

7】

8】

9】

10】

11】

12】

께 일으키심을 받았느니라
13 또 범죄와 육체의 무할례로 죽었던
너희를 하나님이 그와 함께 살리시
고 우리의 모든 죄를 사하시고
14 우리를 거스르고 불리하게 하는
법조문으로 쓴 증서를 지우시고
제하여 버리사 십자가에 못 박으
시고
15 통치자들과 권세들을 무력화하여
드러내어 구경거리로 삼으시고
십자가로 그들을 이기셨느니라
16 그러므로 먹고 마시는 것과 절기
나 초하루나 안식일을 이유로 누
구든지 너희를 비판하지 못하게
하라
17 이것들은 장래 일의 그림자이나
몸은 그리스도의 것이니라
18 아무도 꾸며낸 겸손과 천사 숭배
를 이유로 너희를 정죄하지 못하
게 하라 그가 그 본 것에 의지하
여 그 육신의 생각을 따라 헛되이
과장하고
19 머리를 붙들지 아니하는지라 온
몸이 머리로 말미암아 마디와 힘
줄로 공급함을 받고 연합하여 하
나님이 자라게 하시므로 자라느
니라

13】

14】

15】

16】

17】

18】

19】

그리스도와 함께 하는 새 사람

20 너희가 세상의 초등학문에서 그
리스도와 함께 죽었거든 어찌하
여 세상에 사는 것과 같이 규례에
순종하느냐
21 (곧 붙잡지도 말고 맛보지도 말고
만지지도 말라 하는 것이니
22 이 모든 것은 한때 쓰이고는 없어
지리라)사람의 명령과 가르침을
따르느냐
23 이런 것들은 자의적 숭배와 겸손
과 몸을 괴롭게 하는 데는 지혜 있
는 모양이나 오직 육체 따르는 것
을 금하는 데는 조금도 유익이 없
느니라

3 1 그러므로 너희가 그리스도와 함
께 다시 살리심을 받았으면 위
의 것을 찾으라 거기는 그리스도
께서 하나님 우편에 앉아 계시느
니라
2 위의 것을 생각하고 땅의 것을 생
각하지 말라
3 이는 너희가 죽었고 너희 생명이
그리스도와 함께 하나님 안에 감
추어졌음이라
4 우리 생명이신 그리스도께서 나

20】

21】

22】

23】

1】

2】

3】

4】

타나실 그 때에 너희도 그와 함께
영광 중에 나타나리라
5 그러므로 땅에 있는 지체를 죽이
라 곧 음란과 부정과 사욕과 악한
정욕과 탐심이니 탐심은 우상 숭
배니라
6 이것들로 말미암아 하나님의 진
노가 임하느니라
7 너희도 전에 그 가운데 살 때에는
그 가운데서 행하였으나
8 이제는 너희가 이 모든 것을 벗어
버리라 곧 분함과 노여움과 악의
와 비방과 너희 입의 부끄러운 말
이라
9 너희가 서로 거짓말을 하지 말라
옛 사람과 그 행위를 벗어 버리고
10 새 사람을 입었으니 이는 자기를
창조하신 이의 형상을 따라 지식에
까지 새롭게 하심을 입은 자니라
11 거기에는 헬라인이나 유대인이나
할례파나 무할례파나 야만인이나
스구디아인이나 종이나 자유인이
차별이 있을 수 없나니 오직 그리
스도는 만유시요 만유 안에 계시
니라
12 그러므로 너희는 하나님이 택하
사 거룩하고 사랑 받는 자처럼 긍

5】

6】

7】

8】

9】

10】

11】

12】

휼과 자비와 겸손과 온유와 오래
참음을 옷 입고
13 누가 누구에게 불만이 있거든 서
로 용납하여 피차 용서하되 주께
서 너희를 용서하신 것 같이 너희
도 그리하고
14 이 모든 것 위에 사랑을 더하라 이
는 온전하게 매는 띠니라
15 그리스도의 평강이 너희 마음을 주
장하게 하라 너희는 평강을 위하여
한 몸으로 부르심을 받았나니 너희
는 또한 감사하는 자가 되라
16 그리스도의 말씀이 너희 속에 풍
성히 거하여 모든 지혜로 피차 가
르치며 권면하고 시와 찬송과 신
령한 노래를 부르며 감사하는 마
음으로 하나님을 찬양하고
17 또 무엇을 하든지 말에나 일에나
다 주 예수의 이름으로 하고 그
를 힘입어 하나님 아버지께 감사
하라

주께 하듯 하라

18 아내들아 남편에게 복종하라 이
는 주 안에서 마땅하니라
19 남편들아 아내를 사랑하며 괴롭
게 하지 말라
20 자녀들아 모든 일에 부모에게 순

13】

14】

15】

16】

17】

18】

19】

20】

종하라 이는 주 안에서 기쁘게 하
는 것이니라
21 아비들아 너희 자녀를 노엽게 하
지 말지니 낙심할까 함이라
22 종들아 모든 일에 육신의 상전들
에게 순종하되 사람을 기쁘게 하
는 자와 같이 눈가림만 하지 말고
오직 주를 두려워하여 성실한 마
음으로 하라
23 무슨 일을 하든지 마음을 다하여
주께 하듯 하고 사람에게 하듯 하
지 말라
24 이는 기업의 상을 주께 받을 줄 아
나니 너희는 주 그리스도를 섬기
느니라
25 불의를 행하는 자는 불의의 보응
을 받으리니 주는 사람을 외모로
취하심이 없느니라

4

1 상전들아 의와 공평을 종들에게
베풀지니 너희에게도 하늘에 상
전이 계심을 알지어다

권면

2 기도를 계속하고 기도에 감사함
으로 깨어 있으라
3 또한 우리를 위하여 기도하되 하
나님이 전도할 문을 우리에게 열

21】

22】

23】

24】

25】

1】

2】

3】

어 주사 그리스도의 비밀을 말하
게 하시기를 구하라 내가 이 일 때
문에 매임을 당하였노라
4 그리하면 내가 마땅히 할 말로써
이 비밀을 나타내리라
5 외인에게 대해서는 지혜로 행하
여 세월을 아끼라
6 너희 말을 항상 은혜 가운데서 소
금으로 맛을 냄과 같이 하라 그리
하면 각 사람에게 마땅히 대답할
것을 알리라

끝 인사

7 두기고가 내 사정을 다 너희에게
알려 주리니 그는 사랑 받는 형제
요 신실한 일꾼이요 주 안에서 함
께 종이 된 자니라
8 내가 그를 특별히 너희에게 보내
는 것은 너희로 우리 사정을 알게
하고 너희 마음을 위로하게 하려
함이라
9 신실하고 사랑을 받는 형제 오네
시모를 함께 보내노니 그는 너희
에게서 온 사람이라 그들이 여기
일을 다 너희에게 알려 주리라
10 나와 함께 갇힌 아리스다고와 바
나바의 생질 마가와(이 마가에 대
하여 너희가 명을 받았으매 그가

4】

5】

6】

7】

8】

9】

10】

이르거든 영접하라)
11 유스도라 하는 예수도 너희에게
문안하느니라 그들은 할례파이
나 이들만은 하나님의 나라를 위
하여 함께 역사하는 자들이니 이
런 사람들이 나의 위로가 되었느
니라
12 그리스도 예수의 종인 너희에게
서 온 에바브라가 너희에게 문안
하느니라 그가 항상 너희를 위하
여 애써 기도하여 너희로 하나님
의 모든 뜻 가운데서 완전하고 확
신 있게 서기를 구하나니
13 그가 너희와 라오디게아에 있는
자들과 히에라볼리에 있는 자들
을 위하여 많이 수고하는 것을 내
가 증언하노라
14 사랑을 받는 의사 누가와 또 데마
가 너희에게 문안하느니라
15 라오디게아에 있는 형제들과 눔
바와 그 여자의 집에 있는 교회에
문안하고
16 이 편지를 너희에게서 읽은 후에
라오디게아인의 교회에서도 읽게
하고 또 라오디게아로부터 오는
편지를 너희도 읽으라
17 아킵보에게 이르기를 주 안에서

11】

12】

13】

14】

15】

16】

17】

년 월 일

받은 직분을 삼가 이루라고 하라
18 나 바울은 친필로 문안하노니 내
가 매인 것을 생각하라 은혜가 너
희에게 있을지어다

데살로니가 전서(1-5장)

인사

1 1 바울과 실루아노와 디모데는
하나님 아버지와 주 예수 그리
스도안에 있는 데살로니가인의 교
회에 편지하노니 은혜와 평강이
너희에게 있을지어다

데살로니가 교인들의 믿음의 본

2 우리가 너희 모두로 말미암아 항
상 하나님께 감사하며 기도할 때
에 너희를 기억함은
3 너희의 믿음의 역사와 사랑의 수
고와 우리 주 예수 그리스도에 대
한 소망의 인내를 우리 하나님 아
버지 앞에서 끊임없이 기억함이니
4 하나님의 사랑하심을 받은 형제
들아 너희를 택하심을 아노라
5 이는 우리 복음이 너희에게 말로
만 이른 것이 아니라 또한 능력과
성령과 큰 확신으로 된 것임이라

우리가 너희 가운데서 너희를 위
하여 어떤 사람이 된 것은 너희가
아는 바와 같으니라
6 또 너희는 많은 환난 가운데서 성
령의 기쁨으로 말씀을 받아 우리
와 주를 본받은 자가 되었으니
7 그러므로 너희가 마게도냐와 아
가야에 있는 모든 믿는 자의 본이
되었느니라
8 주의 말씀이 너희에게로부터 마
게도냐와 아가야에만 들릴 뿐 아
니라 하나님을 향하는 너희 믿음
의 소문이 각처에 퍼졌으므로 우
리는 아무 말도 할 것이 없노라
9 그들이 우리에 대하여 스스로 말
하기를 우리가 어떻게 너희 가운
데에 들어갔는지와 너희가 어떻
게 우상을 버리고 하나님께로 돌
아와서 살아 계시고 참되신 하나
님을 섬기는지와
10 또 죽은 자들 가운데서 다시 살리
신 그의 아들이 하늘로부터 강림
하실 것을 너희가 어떻게 기다리
는지를 말하니 이는 장래의 노하
심에서 우리를 건지시는 예수시
니라

6】

7】

8】

9】

10】

데살로니가에서 벌인 바울의 사역

2

1 형제들아 우리가 너희 가운데
들어간 것이 헛되지 않은 줄을
너희가 친히 아나니
2 너희가 아는 바와 같이 우리가 먼
저 빌립보에서 고난과 능욕을 당
하였으나 우리 하나님을 힘입어
많은 싸움 중에 하나님의 복음을
너희에게 전하였노라
3 우리의 권면은 간사함이나 부정
에서 난 것이 아니요 속임수로 하
는 것도 아니라
4 오직 하나님께 옳게 여기심을 입
어 복음을 위탁 받았으니 우리가
이와 같이 말함은 사람을 기쁘게
하려 함이 아니요 오직 우리 마음
을 감찰하시는 하나님을 기쁘시
게 하려 함이라
5 너희도 알거니와 우리가 아무 때
에도 아첨하는 말이나 탐심의 탈
을 쓰지 아니한 것을 하나님이 증
언하시느니라
6 또한 우리는 너희에게서든지 다
른 이에게서든지 사람에게서는 영
광을 구하지 아니하였노라
7 우리는 그리스도의 사도로서 마
땅히 권위를 주장할 수 있으나 도

1】

2】

3】

4】

5】

6】

7】

년 월 일

리어 너희 가운데서 유순한 자가
되어 유모가 자기 자녀를 기름과
같이 하였으니
8 우리가 이같이 너희를 사모하여
하나님의 복음뿐 아니라 우리의
목숨까지도 너희에게 주기를 기
뻐함은 너희가 우리의 사랑하는
자 됨이라
9 형제들아 우리의 수고와 애쓴 것
을 너희가 기억하리니 너희 아무
에게도 폐를 끼치지 아니하려고
밤낮으로 일하면서 너희에게 하
나님의 복음을 전하였노라
10 우리가 너희 믿는 자들을 향하여
어떻게 거룩하고 옳고 흠 없이 행
하였는지에 대하여 너희가 증인
이요 하나님도 그러하시도다
11 너희도 아는 바와 같이 우리가 너
희 각 사람에게 아버지가 자기 자
녀에게 하듯 권면하고 위로하고
경계하노니
12 이는 너희를 부르사 자기 나라와
영광에 이르게 하시는 하나님께
합당히 행하게 하려 함이라
13 이러므로 우리가 하나님께 끊임
없이 감사함은 너희가 우리에게
들은 바 하나님의 말씀을 받을 때

8】

9】

10】

11】

12】

13】

에 사람의 말로 받지 아니하고 하
나님의 말씀으로 받음이니 진실
로 그러하도다 이 말씀이 또한 너
희 믿는 자 가운데에서 역사하느
니라
14 형제들아 너희가 그리스도 예수
안에서 유대에 있는 하나님의 교
회들을 본받은 자 되었으니 그들
이 유대인들에게 고난을 받음과
같이 너희도 너희 동족에게서 동
일한 고난을 받았느니라
15 유대인은 주 예수와 선지자들을
죽이고 우리를 쫓아내고 하나님
을 기쁘시게 하지 아니하고 모든
사람에게 대적이 되어
16 우리가 이방인에게 말하여 구원
받게 함을 그들이 금하여 자기 죄
를 항상 채우매 노하심이 끝까지
그들에게 임하였느니라

바울이 데살로니가에 다시 가기를 원하다

17 형제들아 우리가 잠시 너희를 떠
난 것은 얼굴이요 마음은 아니니
너희 얼굴 보기를 열정으로 더욱
힘썼노라
18 그러므로 나 바울은 한번 두번 너
희에게 가고자 하였으나 사탄이
우리를 막았도다

14】

15】

16】

17】

18】

19 우리의 소망이나 기쁨이나 자랑
의 면류관이 무엇이냐 그가 강림
하실 때 우리 주 예수 앞에 너희
가 아니냐
20 너희는 우리의 영광이요 기쁨이
니라

3

1 이러므로 우리가 참다 못하여
우리만 아덴에 머물기를 좋게
생각하고
2 우리 형제 곧 그리스도의 복음을
전하는 하나님의 일꾼인 디모데
를 보내노니 이는 너희를 굳건하
게 하고 너희 믿음에 대하여 위로
함으로
3 아무도 이 여러 환난 중에 흔들리
지 않게 하려 함이라 우리가 이것
을 위하여 세움 받은 줄을 너희가
친히 알리라
4 우리가 너희와 함께 있을 때에 장
차 받을 환난을 너희에게 미리 말
하였는데 과연 그렇게 된 것을 너
희가 아느니라
5 이러므로 나도 참다 못하여 너희
믿음을 알기 위하여 그를 보내었
노니 이는 혹 시험하는 자가 너희
를 시험하여 우리 수고를 헛되게

19】

20】

1】

2】

3】

4】

5】

할까 함이니
6 지금은 디모데가 너희에게로부터
와서 너희 믿음과 사랑의 기쁜 소
식을 우리에게 전하고 또 너희가
항상 우리를 잘 생각하여 우리가
너희를 간절히 보고자 함과 같이
너희도 우리를 간절히 보고자 한
다 하니
7 이러므로 형제들아 우리가 모든
궁핍과 환난 가운데서 너희 믿음
으로 말미암아 너희에게 위로를
받았노라
8 그러므로 너희가 주 안에 굳게 선
즉 우리가 이제는 살리라
9 우리가 우리 하나님 앞에서 너희
로 말미암아 모든 기쁨으로 기뻐
하니 너희를 위하여 능히 어떠한
감사로 하나님께 보답할까
10 주야로 심히 간구함은 너희 얼굴
을 보고 너희 믿음이 부족한 것을
보충하게 하려 함이라
11 하나님 우리 아버지와 우리 주 예
수는 우리 길을 너희에게로 갈 수
있게 하시오며
12 또 주께서 우리가 너희를 사랑함
과 같이 너희도 피차간과 모든 사
람에 대한 사랑이 더욱 많아 넘치

6】

7】

8】

9】

10】

11】

12】

게 하사
13 너희 마음을 굳건하게 하시고 우
리 주 예수께서 그의 모든 성도와
함께 강림하실 때에 하나님 우리
아버지 앞에서 거룩함에 흠이 없
게 하시기를 원하노라

13】

하나님을 기쁘시게 하는 생활

4
1 그러므로 형제들아 우리가 끝
으로 주 예수 안에서 너희에게
구하고 권면하노니 너희가 마땅히
어떻게 행하며 하나님을 기쁘시게
할 수 있는지를 우리에게 배웠으
니 곧 너희가 행하는 바라 더욱 많
이 힘쓰라
2 우리가 주 예수로 말미암아 너희
에게 무슨 명령으로 준 것을 너희
가 아느니라
3 하나님의 뜻은 이것이니 너희의
거룩함이라 곧 음란을 버리고
4 각각 거룩함과 존귀함으로 자기
의 아내 대할 줄을 알고
5 하나님을 모르는 이방인과 같이
색욕을 따르지 말고
6 이 일에 분수를 넘어서 형제를 해
하지 말라 이는 우리가 너희에게
미리 말하고 증언한 것과 같이 이

1】

2】

3】

4】

5】

6】

모든 일에 주께서 신원하여 주심
이라
7 하나님이 우리를 부르심은 부정
하게 하심이 아니요 거룩하게 하
심이니
8 그러므로 저버리는 자는 사람을
저버림이 아니요 너희에게 그의
성령을 주신 하나님을 저버림이
니라
9 형제 사랑에 관하여는 너희에게
쓸 것이 없음은 너희들 자신이 하
나님의 가르치심을 받아 서로 사
랑함이라
10 너희가 온 마게도냐 모든 형제에
대하여 과연 이것을 행하도다 형
제들아 권하노니 더욱 그렇게 행
하고
11 또 너희에게 명한 것 같이 조용히
자기 일을 하고 너희 손으로 일하
기를 힘쓰라
12 이는 외인에 대하여 단정히 행하
고 또한 아무 궁핍함이 없게 하려
함이라

주의 강림과 죽은 자들의 부활

13 형제들아 자는 자들에 관하여는
너희가 알지 못함을 우리가 원하
지 아니하노니 이는 소망 없는 다

7】

8】

9】

10】

11】

12】

13】

년 월 일

른 이와 같이 슬퍼하지 않게 하려
함이라
14 우리가 예수께서 죽으셨다가 다
시 살아나심을 믿을진대 이와 같
이 예수 안에서 자는 자들도 하나
님이 그와 함께 데리고 오시리라
15 우리가 주의 말씀으로 너희에게
이것을 말하노니 주께서 강림하
실 때까지 우리 살아 남아 있는
자도 자는 자보다 결코 앞서지 못
하리라
16 주께서 호령과 천사장의 소리와
하나님의 나팔 소리로 친히 하늘
로부터 강림하시리니 그리스도 안
에서 죽은 자들이 먼저 일어나고
17 그 후에 우리 살아 남은 자들도
그들과 함께 구름 속으로 끌어 올
려 공중에서 주를 영접하게 하시
리니 그리하여 우리가 항상 주와
함께 있으리라
18 그러므로 이러한 말로 서로 위로
하라

5
1 형제들아 때와 시기에 관하여
는 너희에게 쓸 것이 없음은
2 주의 날이 밤에 도둑 같이 이를
줄을 너희 자신이 자세히 알기 때

14】

15】

16】

17】

18】

1】

2】

문이라
3 그들이 평안하다, 안전하다 할 그
때에 임신한 여자에게 해산의 고
통이 이름과 같이 멸망이 갑자기
그들에게 이르리니 결코 피하지
못하리라
4 형제들아 너희는 어둠에 있지 아
니하매 그 날이 도둑 같이 너희에
게 임하지 못하리니
5 너희는 다 빛의 아들이요 낮의 아
들이라 우리가 밤이나 어둠에 속
하지 아니하나니
6 그러므로 우리는 다른 이들과 같
이 자지 말고 오직 깨어 정신을 차
릴지라
7 자는 자들은 밤에 자고 취하는 자
들은 밤에 취하되
8 우리는 낮에 속하였으니 정신을 차
리고 믿음과 사랑의 호심경을 붙이
고 구원의 소망의 투구를 쓰자
9 하나님이 우리를 세우심은 노하
심에 이르게 하심이 아니요 오직
우리 주 예수 그리스도로 말미암
아 구원을 받게 하심이라
10 예수께서 우리를 위하여 죽으사
우리로 하여금 깨어 있든지 자든
지 자기와 함께 살게 하려 하셨느

3】

4】

5】

6】

7】

8】

9】

10】

니라
11 그러므로 피차 권면하고 서로 덕
을 세우기를 너희가 하는 것 같
이 하라

권면과 끝 인사
12 형제들아 우리가 너희에게 구하
노니 너희 가운데서 수고하고 주
안에서 너희를 다스리며 권하는
자들을 너희가 알고
13 그들의 역사로 말미암아 사랑 안
에서 가장 귀히 여기며 너희끼리
화목하라
14 또 형제들아 너희를 권면하노니
게으른 자들을 권계하며 마음이
약한 자들을 격려하고 힘이 없는
자들을 붙들어 주며 모든 사람에
게 오래 참으라
15 삼가 누가 누구에게든지 악으로
악을 갚지 말게 하고 서로 대하든
지 모든 사람을 대하든지 항상 선
을 따르라
16 항상 기뻐하라
17 쉬지 말고 기도하라
18 범사에 감사하라 이것이 그리스
도 예수 안에서 너희를 향하신 하
나님의 뜻이니라
19 성령을 소멸하지 말며

11】

12】

13】

14】

15】

16】

17】

18】

19】

20 예언을 멸시하지 말고
21 범사에 헤아려 좋은 것을 취하고
22 악은 어떤 모양이라도 버리라
23 평강의 하나님이 친히 너희를 온
전히 거룩하게 하시고 또 너희의
온 영과 혼과 몸이 우리 주 예수
그리스도께서 강림하실 때에 흠
없게 보전되기를 원하노라
24 너희를 부르시는 이는 미쁘시니
그가 또한 이루시리라
25 형제들아 우리를 위하여 기도하라
26 거룩하게 입맞춤으로 모든 형제
에게 문안하라
27 내가 주를 힘입어 너희를 명하노
니 모든 형제에게 이 편지를 읽
어 주라
28 우리 주 예수 그리스도의 은혜가
너희에게 있을지어다

데살로니가 후서(1-3장)

인사

1 1 바울과 실루아노와 디모데는
하나님 우리 아버지와 주 예수
그리스도 안에 있는 데살로니가인
의 교회에 편지하노니

20】
21】
22】
23】
24】
25】
26】
27】
28】
1】

2 하나님 아버지와 주 예수 그리스
도로부터 은혜와 평강이 너희에
게 있을지어다

하나님의 공의로운 심판의 표

3 형제들아 우리가 너희를 위하여
항상 하나님께 감사할지니 이것
이 당연함은 너희의 믿음이 더욱
자라고 너희가 다 각기 서로 사랑
함이 풍성함이니
4 그러므로 너희가 견디고 있는 모
든 박해와 환난 중에서 너희 인내
와 믿음으로 말미암아 하나님의
여러 교회에서 우리가 친히 자랑
하노라
5 이는 하나님의 공의로운 심판의
표요 너희로 하여금 하나님의 나
라에 합당한 자로 여김을 받게 하
려 함이니 그 나라를 위하여 너희
가 또한 고난을 받느니라
6 너희로 환난을 받게 하는 자들에
게는 환난으로 갚으시고
7 환난을 받는 너희에게는 우리와
함께 안식으로 갚으시는 것이 하
나님의 공의시니 주 예수께서 자
기의 능력의 천사들과 함께 하늘
로부터 불꽃 가운데에 나타나실
때에

2】

3】

4】

5】

6】

7】

8 하나님을 모르는 자들과 우리 주
예수의 복음에 복종하지 않는 자
들에게 형벌을 내리시리니
9 이런 자들은 주의 얼굴과 그의 힘
의 영광을 떠나 영원한 멸망의 형
벌을 받으리로다
10 그 날에 그가 강림하사 그의 성
도들에게서 영광을 받으시고 모
든 믿는 자들에게서 놀랍게 여김
을 얻으시리니 이는 (우리의 증거
가 너희에게 믿어졌음이라)
11 이러므로 우리도 항상 너희를 위
하여 기도함은 우리 하나님이 너
희를 그 부르심에 합당한 자로 여
기시고 모든 선을 기뻐함과 믿음의
역사를 능력으로 이루게 하시고
12 우리 하나님과 주 예수 그리스도
의 은혜대로 우리 주 예수의 이름
이 너희 가운데서 영광을 받으시
고 너희도 그 안에서 영광을 받게
하려 함이라

8】

9】

10】

11】

12】

멸망하는 자들

2 1 형제들아 우리가 너희에게 구
하는 것은 우리 주 예수 그리
스도의 강림하심과 우리가 그 앞
에 모임에 관하여

1】

2 영으로나 또는 말로나 또는 우리
에게서 받았다 하는 편지로나 주
의 날이 이르렀다고 해서 쉽게 마
음이 흔들리거나 두려워하거나
하지 말아야 한다는 것이라
3 누가 어떻게 하여도 너희가 미혹
되지 말라 먼저 배교하는 일이 있
고 저 불법의 사람 곧 멸망의 아들
이 나타나기 전에는 그 날이 이르
지 아니하리니
4 그는 대적하는 자라 신이라고 불
리는 모든 것과 숭배함을 받는 것
에 대항하여 그 위에 자기를 높이
고 하나님의 성전에 앉아 자기를
하나님이라고 내세우느니라
5 내가 너희와 함께 있을 때에 이 일
을 너희에게 말한 것을 기억하지
못하느냐
6 너희는 지금 그로 하여금 그의 때
에 나타나게 하려 하여 막는 것이
있는 것을 아나니
7 불법의 비밀이 이미 활동하였으
나 지금은 그것을 막는 자가 있어
그 중에서 옮겨질 때까지 하리라
8 그 때에 불법한 자가 나타나리니
주 예수께서 그 입의 기운으로 그
를 죽이시고 강림하여 나타나심

2】

3】

4】

5】

6】

7】

8】

으로 폐하시리라
9 악한 자의 나타남은 사탄의 활동
을 따라 모든 능력과 표적과 거짓
기적과
10 불의의 모든 속임으로 멸망하는
자들에게 있으리니 이는 그들이
진리의 사랑을 받지 아니하여 구
원함을 받지 못함이라
11 이러므로 하나님이 미혹의 역사
를 그들에게 보내사 거짓 것을 믿
게 하심은
12 진리를 믿지 않고 불의를 좋아하
는 모든 자들로 하여금 심판을 받
게 하려 하심이라

가르침을 받은 전통을 지키라

13 주께서 사랑하시는 형제들아 우
리가 항상 너희에 관하여 마땅히
하나님께 감사할 것은 하나님이
처음부터 너희를 택하사 성령의
거룩하게 하심과 진리를 믿음으
로 구원을 받게 하심이니
14 이를 위하여 우리의 복음으로 너희
를 부르사 우리 주 예수 그리스도
의 영광을 얻게 하려 하심이니라
15 그러므로 형제들아 굳건하게 서
서 말로나 우리의 편지로 가르침
을 받은 전통을 지키라

9】

10】

11】

12】

13】

14】

15】

16 우리 주 예수 그리스도와 우리를
사랑하시고 영원한 위로와 좋은
소망을 은혜로 주신 하나님 우리
아버지께서
17 너희 마음을 위로하시고 모든 선
한 일과 말에 굳건하게 하시기를
원하노라

16】

17】

우리를 위하여 기도하라

3

1 끝으로 형제들아 너희는 우리
를 위하여 기도하기를 주의 말
씀이 너희 가운데서와 같이 퍼져
나가 영광스럽게 되고
2 또한 우리를 부당하고 악한 사람
들에게서 건지시옵소서 하라 믿
음은 모든 사람의 것이 아니니라
3 주는 미쁘사 너희를 굳건하게 하
시고 악한 자에게서 지키시리라
4 너희에 대하여는 우리가 명한 것
을 너희가 행하고 또 행할 줄을 우
리가 주 안에서 확신하노니
5 주께서 너희 마음을 인도하여 하
나님의 사랑과 그리스도의 인내
에 들어가게 하시기를 원하노라

1】

2】

3】

4】

5】

게으름을 경계하다

6 형제들아 우리 주 예수 그리스도
의 이름으로 너희를 명하노니 게

6】

으르게 행하고 우리에게서 받은
전통대로 행하지 아니하는 모든
형제에게서 떠나라
7 어떻게 우리를 본받아야 할지를
너희가 스스로 아나니 우리가 너
희 가운데서 무질서하게 행하지
아니하며
8 누구에게서든지 음식을 값없이
먹지 않고 오직 수고하고 애써 주
야로 일함은 너희 아무에게도 폐
를 끼치지 아니하려 함이니
9 우리에게 권리가 없는 것이 아니
요 오직 스스로 너희에게 본을 보
여 우리를 본받게 하려 함이니라
10 우리가 너희와 함께 있을 때에도
너희에게 명하기를 누구든지 일
하기 싫어하거든 먹지도 말게 하
라 하였더니
11 우리가 들은즉 너희 가운데 게으
르게 행하여 도무지 일하지 아니
하고 일을 만들기만 하는 자들이
있다 하니
12 이런 자들에게 우리가 명하고 주
예수 그리스도 안에서 권하기를
조용히 일하여 자기 양식을 먹으
라 하노라
13 형제들아 너희는 선을 행하다가

7】

8】

9】

10】

11】

12】

13】

년 월 일

낙심하지 말라
14 누가 이 편지에 한 우리 말을 순종
하지 아니하거든 그 사람을 지목
하여 사귀지 말고 그로 하여금 부
끄럽게 하라
15 그러나 원수와 같이 생각하지 말
고 형제 같이 권면하라

축복

16 평강의 주께서 친히 때마다 일마
다 너희에게 평강을 주시고 주께
서 너희 모든 사람과 함께 하시기
를 원하노라
17 나 바울은 친필로 문안하노니 이
는 편지마다 표시로서 이렇게 쓰
노라
18 우리 주 예수 그리스도의 은혜가
너희 무리에게 있을지어다

14】

15】

16】

17】

18】

디모데전서

(1-6장)

인사

1

1 우리 구주 하나님과 우리의 소
망이신 그리스도 예수의 명령
을 따라 그리스도 예수의 사도 된
바울은
2 믿음 안에서 참 아들 된 디모데

1】

2】

에게 편지하노니 하나님 아버지
와 그리스도 예수 우리 주께로부
터 은혜와 긍휼과 평강이 네게 있
을지어다

다른 교훈을 가르치지 말라

3 내가 마게도냐로 갈 때에 너를 권
하여 에베소에 머물라 한 것은 어
떤 사람들을 명하여 다른 교훈을
가르치지 말며
4 신화와 끝없는 족보에 몰두하지
말게 하려 함이라 이런 것은 믿음
안에 있는 하나님의 경륜을 이룸
보다 도리어 변론을 내는 것이라
5 이 교훈의 목적은 청결한 마음과
선한 양심과 거짓이 없는 믿음에
서 나오는 사랑이거늘
6 사람들이 이에서 벗어나 헛된 말
에 빠져
7 율법의 선생이 되려 하나 자기가
말하는 것이나 자기가 확증하는
것도 깨닫지 못하는도다
8 그러나 율법은 사람이 그것을 적
법하게만 쓰면 선한 것임을 우리
는 아노라
9 알 것은 이것이니 율법은 옳은 사
람을 위하여 세운 것이 아니요 오
직 불법한 자와 복종하지 아니하

3】

4】

5】

6】

7】

8】

9】

는 자와 경건하지 아니한 자와 죄
인과 거룩하지 아니한 자와 망령된
자와 아버지를 죽이는 자와 어머니
를 죽이는 자와 살인하는 자며
10 음행하는 자와 남색하는 자와 인
신매매를 하는 자와 거짓말하는 자
와 거짓맹세하는 자와 기타 바른
교훈을 거스르는 자를 위함이니
11 이 교훈은 내게 맡기신 바 복되
신 하나님의 영광의 복음을 따름
이니라

은혜를 감사하다

12 나를 능하게 하신 그리스도 예수
우리 주께 내가 감사함은 나를 충
성되이 여겨 내게 직분을 맡기심
이니
13 내가 전에는 비방자요 박해자요
폭행자였으나 도리어 긍휼을 입
은 것은 내가 믿지 아니할 때에
알지 못하고 행하였음이라
14 우리 주의 은혜가 그리스도 예수
안에 있는 믿음과 사랑과 함께 넘
치도록 풍성하였도다
15 미쁘다 모든 사람이 받을 만한 이
말이여 그리스도 예수께서 죄인
을 구원하시려고 세상에 임하셨
다 하였도다 죄인 중에 내가 괴

10】

11】

12】

13】

14】

15】

수니라
16 그러나 내가 긍휼을 입은 까닭은
예수 그리스도께서 내게 먼저 일
체 오래 참으심을 보이사 후에 주
를 믿어 영생 얻는 자들에게 본이
되게 하려 하심이라
17 영원하신 왕 곧 썩지 아니하고 보
이지 아니하고 홀로 하나이신 하
나님께 존귀와 영광이 영원무궁
하도록 있을지어다 아멘
18 아들 디모데야 내가 네게 이 교훈
으로써 명하노니 전에 너를 지도
한 예언을 따라 그것으로 선한 싸
움을 싸우며
19 믿음과 착한 양심을 가지라 어떤
이들은 이 양심을 버렸고 그 믿음
에 관하여는 파선하였느니라
20 그 가운데 후메내오와 알렉산더
가 있으니 내가 사탄에게 내준 것
은 그들로 훈계를 받아 신성을 모
독하지 못하게 하려 함이라

16】

17】

18】

19】

20】

기도에 대한 가르침

2

1 그러므로 내가 첫째로 권하노
니 모든 사람을 위하여 간구와
기도와 도고와 감사를 하되
2 임금들과 높은 지위에 있는 모든

1】

2】

사람을 위하여 하라 이는 우리가
모든 경건과 단정함으로 고요하
고 평안한 생활을 하려 함이라
3 이것이 우리 구주 하나님 앞에 선
하고 받으실 만한 것이니
4 하나님은 모든 사람이 구원을 받
으며 진리를 아는 데에 이르기를
원하시느니라
5 하나님은 한 분이시요 또 하나님
과 사람 사이에 중보자도 한 분이
시니 곧 사람이신 그리스도 예수라
6 그가 모든 사람을 위하여 자기를
대속물로 주셨으니 기약이 이르
러 주신 증거니라
7 이를 위하여 내가 전파하는 자와
사도로 세움을 입은 것은 참말이
요 거짓말이 아니니 믿음과 진리
안에서 내가 이방인의 스승이 되
었노라
8 그러므로 각처에서 남자들이 분
노와 다툼이 없이 거룩한 손을 들
어 기도하기를 원하노라
9 또 이와 같이 여자들도 단정하게
옷을 입으며 소박함과 정절로써 자
기를 단장하고 땋은 머리와 금이나
진주나 값진 옷으로 하지 말고
10 오직 선행으로 하기를 원하노라

3】

4】

5】

6】

7】

8】

9】

10】

이것이 하나님을 경외한다 하는
자들에게 마땅한 것이니라
11 여자는 일체 순종함으로 조용히
배우라
12 여자가 가르치는 것과 남자를 주
관하는 것을 허락하지 아니하노
니 오직 조용할지니라
13 이는 아담이 먼저 지음을 받고 하
와가 그 후며
14 아담이 속은 것이 아니고 여자가
속아 죄에 빠졌음이라
15 그러나 여자들이 만일 정숙함으
로써 믿음과 사랑과 거룩함에 거
하면 그의 해산함으로 구원을 얻
으리라

11】

12】

13】

14】

15】

감독과 집사의 자격

3 1 미쁘다 이 말이여, 곧 사람이 감
독의 직분을 얻으려 함은 선한
일을 사모하는 것이라 함이로다
2 그러므로 감독은 책망할 것이 없
으며 한 아내의 남편이 되며 절제
하며 신중하며 단정하며 나그네
를 대접하며 가르치기를 잘하며
3 술을 즐기지 아니하며 구타하지 아
니하며 오직 관용하며 다투지 아
니하며 돈을 사랑하지 아니하며

1】

2】

3】

4 자기 집을 잘 다스려 자녀들로 모
든 공손함으로 복종하게 하는 자
라야 할지며
5 (사람이 자기 집을 다스릴 줄 알지
못하면 어찌 하나님의 교회를 돌
보리요)
6 새로 입교한 자도 말지니 교만하
여져서 마귀를 정죄하는 그 정죄
에 빠질까 함이요
7 또한 외인에게서도 선한 증거를
얻은 자라야 할지니 비방과 마귀
의 올무에 빠질까 염려하라
8 이와 같이 집사들도 정중하고 일
구이언을 하지 아니하고 술에 인
박히지 아니하고 더러운 이를 탐
하지 아니하고
9 깨끗한 양심에 믿음의 비밀을 가
진 자라야 할지니
10 이에 이 사람들을 먼저 시험하여
보고 그 후에 책망할 것이 없으면
집사의 직분을 맡게 할 것이요
11 여자들도 이와 같이 정숙하고 모
함하지 아니하며 절제하며 모든
일에 충성된 자라야 할지니라
12 집사들은 한 아내의 남편이 되어
자녀와 자기 집을 잘 다스리는 자
일지니

4】

5】

6】

7】

8】

9】

10】

11】

12】

13 집사의 직분을 잘한 자들은 아름
다운 지위와 그리스도 예수 안에
있는 믿음에 큰 담력을 얻느니라

경건의 비밀

14 내가 속히 네게 가기를 바라나 이
것을 네게 쓰는 것은
15 만일 내가 지체하면 너로 하여금
하나님의 집에서 어떻게 행하여
야 할지를 알게 하려 함이니 이
집은 살아 계신 하나님의 교회요
진리의 기둥과 터니라
16 크도다 경건의 비밀이여, 그렇지
않다 하는 이 없도다 그는 육신
으로 나타난 바 되시고 영으로 의
롭다 하심을 받으시고 천사들에
게 보이시고 만국에서 전파되시
고 세상에서 믿은 바 되시고 영광
가운데서 올려지셨느니라

거짓말하는 자들

4 1 그러나 성령이 밝히 말씀하시
기를 후일에 어떤 사람들이 믿
음에서 떠나 미혹하는 영과 귀신
의 가르침을 따르리라 하셨으니
2 자기 양심이 화인을 맞아서 외식
함으로 거짓말하는 자들이라
3 혼인을 금하고 어떤 음식물은 먹

13】

14】

15】

16】

1】

2】

3】

지 말라고 할 터이나 음식물은 하
나님이 지으신 바니 믿는 자들과
진리를 아는 자들이 감사함으로
받을 것이니라
4 하나님께서 지으신 모든 것이 선
하매 감사함으로 받으면 버릴 것
이 없나니
5 하나님의 말씀과 기도로 거룩하
여짐이라

그리스도 예수의 좋은 일꾼

6 네가 이것으로 형제를 깨우치면
그리스도 예수의 좋은 일꾼이 되
어 믿음의 말씀과 네가 따르는 좋
은 교훈으로 양육을 받으리라
7 망령되고 허탄한 신화를 버리고
경건에 이르도록 네 자신을 연단
하라
8 육체의 연단은 약간의 유익이 있
으나 경건은 범사에 유익하니 금
생과 내생에 약속이 있느니라
9 미쁘다 이 말이여 모든 사람들이
받을 만하도다
10 이를 위하여 우리가 수고하고 힘
쓰는 것은 우리 소망을 살아 계신
하나님께 둠이니 곧 모든 사람 특
히 믿는 자들의 구주시라
11 너는 이것들을 명하고 가르치라

4】

5】

6】

7】

8】

9】

10】

11】

년 월 일

12 누구든지 네 연소함을 업신여기
지 못하게 하고 오직 말과 행실과
사랑과 믿음과 정절에 있어서 믿
는 자에게 본이 되어
13 내가 이를 때까지 읽는 것과 권하
는 것과 가르치는 것에 전념하라
14 네 속에 있는 은사 곧 장로의 회에
서 안수 받을 때에 예언을 통하여
받은 것을 가볍게 여기지 말며
15 이 모든 일에 전심 전력하여 너
의 성숙함을 모든 사람에게 나타
나게 하라
16 네가 네 자신과 가르침을 살펴 이
일을 계속하라 이것을 행함으로
네 자신과 네게 듣는 자를 구원
하리라

성도를 대하는 태도

5 1 늙은이를 꾸짖지 말고 권하되
아버지에게 하듯 하며 젊은이
에게는 형제에게 하듯 하고
2 늙은 여자에게는 어머니에게 하
듯 하며 젊은 여자에게는 온전히
깨끗함으로 자매에게 하듯 하라
3 참 과부인 과부를 존대하라
4 만일 어떤 과부에게 자녀나 손자
들이 있거든 그들로 먼저 자기 집

12】

13】

14】

15】

16】

1】

2】

3】

4】

에서 효를 행하여 부모에게 보답
하기를 배우게 하라 이것이 하나
님 앞에 받으실 만한 것이니라
5 참 과부로서 외로운 자는 하나님
께 소망을 두어 주야로 항상 간구
와 기도를 하거니와
6 향락을 좋아하는 자는 살았으나
죽었느니라
7 네가 또한 이것을 명하여 그들로
책망 받을 것이 없게 하라
8 누구든지 자기 친족 특히 자기 가
족을 돌보지 아니하면 믿음을 배
반한 자요 불신자보다 더 악한 자
니라
9 과부로 명부에 올릴 자는 나이가
육십이 덜 되지 아니하고 한 남편
의 아내였던 자로서
10 선한 행실의 증거가 있어 혹은 자
녀를 양육하며 혹은 나그네를 대
접하며 혹은 성도들의 발을 씻으
며 혹은 환난 당한 자들을 구제하
며 혹은 모든 선한 일을 행한 자라
야 할 것이요
11 젊은 과부는 올리지 말지니 이는
정욕으로 그리스도를 배반할 때
에 시집 가고자 함이니
12 처음 믿음을 저버렸으므로 정죄

5】

6】

7】

8】

9】

10】

11】

12】

를 받느니라
13 또 그들은 게으름을 익혀 집집으
로 돌아 다니고 게으를 뿐 아니라
쓸데없는 말을 하며 일을 만들며
마땅히 아니할 말을 하나니
14 그러므로 젊은이는 시집 가서 아
이를 낳고 집을 다스리고 대적에
게 비방할 기회를 조금도 주지 말
기를 원하노라
15 이미 사탄에게 돌아간 자들도 있
도다
16 만일 믿는 여자에게 과부 친척이
있거든 자기가 도와 주고 교회가
짐지지 않게 하라 이는 참 과부를
도와 주게 하려 함이라
17 잘 다스리는 장로들은 배나 존경
할 자로 알되 말씀과 가르침에 수
고하는 이들에게는 더욱 그리할
것이니라
18 성경에 일렀으되 곡식을 밟아 떠
는 소의 입에 망을 씌우지 말라 하
였고 또 일꾼이 그 삯을 받는 것은
마땅하다 하였느니라
19 장로에 대한 고발은 두세 증인이
없으면 받지 말 것이요
20 범죄한 자들을 모든 사람 앞에서
꾸짖어 나머지 사람들로 두려워

13】

14】

15】

16】

17】

18】

19】

20】

하게 하라
21 하나님과 그리스도 예수와 택하
심을 받은 천사들 앞에서 내가 엄
히 명하노니 너는 편견이 없이 이
것들을 지켜 아무 일도 불공평하
게 하지 말며
22 아무에게나 경솔히 안수하지 말
고 다른 사람의 죄에 간섭하지 말
며 네 자신을 지켜 정결하게 하라
23 이제부터는 물만 마시지 말고 네
위장과 자주 나는 병을 위하여는
포도주를 조금씩 쓰라
24 어떤 사람들의 죄는 밝히 드러나
먼저 심판에 나아가고 어떤 사람
들의 죄는 그 뒤를 따르나니
25 이와 같이 선행도 밝히 드러나고
그렇지 아니한 것도 숨길 수 없느
니라

6 1 무릇 멍에 아래에 있는 종들은
자기 상전들을 범사에 마땅히
공경할 자로 알지니 이는 하나님
의 이름과 교훈으로 비방을 받지
않게 하려 함이라
2 믿는 상전이 있는 자들은 그 상전
을 형제라고 가볍게 여기지 말고
더 잘 섬기게 하라 이는 유익을

21】

22】

23】

24】

25】

1】

2】

받는 자들이 믿는 자요 사랑을 받
는 자임이라 너는 이것들을 가르
치고 권하라

말씀과 경건에 관한 교훈

3 누구든지 다른 교훈을 하며 바른
말 곧 우리 주 예수 그리스도의 말
씀과 경건에 관한 교훈을 따르지
아니하면
4 그는 교만하여 아무 것도 알지 못
하고 변론과 언쟁을 좋아하는 자
니 이로써 투기와 분쟁과 비방과
악한 생각이 나며
5 마음이 부패하여지고 진리를 잃
어 버려 경건을 이익의 방도로 생
각하는 자들의 다툼이 일어나느
니라
6 그러나 자족하는 마음이 있으면
경건은 큰 이익이 되느니라
7 우리가 세상에 아무 것도 가지고
온 것이 없으매 또한 아무 것도 가
지고 가지 못하리니
8 우리가 먹을 것과 입을 것이 있은
즉 족한 줄로 알 것이니라
9 부하려 하는 자들은 시험과 올무
와 여러 가지 어리석고 해로운 욕
심에 떨어지나니 곧 사람으로 파
멸과 멸망에 빠지게 하는 것이라

3】

4】

5】

6】

7】

8】

9】

10 돈을 사랑함이 일만 악의 뿌리가
되나니 이것을 탐내는 자들은 미
혹을 받아 믿음에서 떠나 많은 근
심으로써 자기를 찔렀도다

믿음의 선한 싸움

11 오직 너 하나님의 사람아 이것들
을 피하고 의와 경건과 믿음과 사
랑과 인내와 온유를 따르며
12 믿음의 선한 싸움을 싸우라 영생
을 취하라 이를 위하여 네가 부르
심을 받았고 많은 증인 앞에서 선
한 증언을 하였도다
13 만물을 살게 하신 하나님 앞과 본
디오 빌라도를 향하여 선한 증언
을 하신 그리스도 예수 앞에서 내
가 너를 명하노니
14 우리 주 예수 그리스도께서 나타
나실 때까지 흠도 없고 책망 받을
것도 없이 이 명령을 지키라
15 기약이 이르면 하나님이 그의 나
타나심을 보이시리니 하나님은
복되시고 유일하신 주권자이시며
만왕의 왕이시며 만주의 주시요
16 오직 그에게만 죽지 아니함이 있
고 가까이 가지 못할 빛에 거하시
고 어떤 사람도 보지 못하였고 또
볼 수 없는 이시니 그에게 존귀와

10】

11】

12】

13】

14】

15】

16】

영원한 권능을 돌릴지어다 아멘
17 네가 이 세대에서 부한 자들을 명
하여 마음을 높이지 말고 정함이
없는 재물에 소망을 두지 말고 오
직 우리에게 모든 것을 후히 주사
누리게 하시는 하나님께 두며
18 선을 행하고 선한 사업을 많이 하
고 나누어 주기를 좋아하며 너그
러운 자가 되게 하라
19 이것이 장래에 자기를 위하여 좋
은 터를 쌓아 참된 생명을 취하는
것이니라
20 디모데야 망령되고 헛된 말과 거
짓된 지식의 반론을 피함으로 네
게 부탁한 것을 지키라
21 이것을 따르는 사람들이 있어 믿
음에서 벗어났느니라 은혜가 너
희와 함께 있을지어다

17】

18】

19】

20】

21】

디모데후서
(1-4장)

인사

1
1 하나님의 뜻으로 말미암아 그
리스도 예수 안에 있는 생명의
약속대로 그리스도 예수의 사도 된
바울은

1】

2 사랑하는 아들 디모데에게 편지
하노니 하나님 아버지와 그리스
도 예수 우리 주께로부터 은혜와
긍휼과 평강이 네게 있을지어다

복음과 함께 고난을 받으라

3 내가 밤낮 간구하는 가운데 쉬지
않고 너를 생각하여 청결한 양심
으로 조상적부터 섬겨 오는 하나
님께 감사하고
4 네 눈물을 생각하여 너 보기를 원
함은 내 기쁨이 가득하게 하려 함
이니
5 이는 네 속에 거짓이 없는 믿음이
있음을 생각함이라 이 믿음은 먼
저 네 외조모 로이스와 네 어머니
유니게 속에 있더니 네 속에도 있
는 줄을 확신하노라
6 그러므로 내가 나의 안수함으로
네 속에 있는 하나님의 은사를 다
시 불일듯 하게 하기 위하여 너로
생각하게 하노니
7 하나님이 우리에게 주신 것은 두
려워하는 마음이 아니요 오직 능
력과 사랑과 절제하는 마음이니
8 그러므로 너는 내가 우리 주를 증
언함과 또는 주를 위하여 갇힌 자
된 나를 부끄러워하지 말고 오직

2】

3】

4】

5】

6】

7】

8】

하나님의 능력을 따라 복음과 함
께 고난을 받으라
9 하나님이 우리를 구원하사 거룩
하신 소명으로 부르심은 우리의
행위대로 하심이 아니요 오직 자
기의 뜻과 영원 전부터 그리스도
예수 안에서 우리에게 주신 은혜
대로 하심이라
10 이제는 우리 구주 그리스도 예수
의 나타나심으로 말미암아 나타
났으니 그는 사망을 폐하시고 복
음으로써 생명과 썩지 아니할 것
을 드러내신지라
11 내가 이 복음을 위하여 선포자와
사도와 교사로 세우심을 입었노라
12 이로 말미암아 내가 또 이 고난을
받되 부끄러워하지 아니함은 내
가 믿는 자를 내가 알고 또한 내
가 의탁한 것을 그 날까지 그가 능
히 지키실 줄을 확신함이라
13 너는 그리스도 예수 안에 있는 믿
음과 사랑으로써 내게 들은 바 바
른 말을 본받아 지키고
14 우리 안에 거하시는 성령으로 말
미암아 네게 부탁한 아름다운 것
을 지키라
15 아시아에 있는 모든 사람이 나를

9】

10】

11】

12】

13】

14】

15】

버린 이 일을 네가 아나니 그 중
에는 부겔로와 허모게네도 있느
니라
16 원하건대 주께서 오네시보로의
집에 긍휼을 베푸시옵소서 그가
나를 자주 격려해 주고 내가 사
슬에 매인 것을 부끄러워하지 아
니하고
17 로마에 있을 때에 나를 부지런히
찾아와 만났음이라
18 (원하건대 주께서 그로 하여금 그
날에 주의 긍휼을 입게 하여 주옵
소서)또 그가 에베소에서 많이 봉
사한 것을 네가 잘 아느니라

예수 그리스도의 좋은 병사

2 1 내 아들아 그러므로 너는 그리
스도 예수 안에 있는 은혜 가운
데서 강하고
2 또 네가 많은 증인 앞에서 내게 들
은 바를 충성된 사람들에게 부탁
하라 그들이 또 다른 사람들을 가
르칠 수 있으리라
3 너는 그리스도 예수의 좋은 병사
로 나와 함께 고난을 받으라
4 병사로 복무하는 자는 자기 생활
에 얽매이는 자가 하나도 없나니

16】

17】

18】

1】

2】

3】

4】

년 월 일

이는 병사로 모집한 자를 기쁘게
하려 함이라
5 경기하는 자가 법대로 경기하지
아니하면 승리자의 관을 얻지 못
할 것이며
6 수고하는 농부가 곡식을 먼저 받
는 것이 마땅하니라
7 내가 말하는 것을 생각해 보라
주께서 범사에 네게 총명을 주시
리라
8 내가 전한 복음대로 다윗의 씨로
죽은 자 가운데서 다시 살아나신
예수 그리스도를 기억하라
9 복음으로 말미암아 내가 죄인과
같이 매이는 데까지 고난을 받았
으나 하나님의 말씀은 매이지 아
니하니라
10 그러므로 내가 택함 받은 자들을
위하여 모든 것을 참음은 그들도
그리스도 예수 안에 있는 구원을
영원한 영광과 함께 받게 하려 함
이라
11 미쁘다 이 말이여 우리가 주와 함
께 죽었으면 또한 함께 살 것이요
12 참으면 또한 함께 왕 노릇 할 것이
요 우리가 주를 부인하면 주도 우
리를 부인하실 것이라

5】
6】
7】
8】
9】
10】
11】
12】

13 우리는 미쁨이 없을지라도 주는
항상 미쁘시니 자기를 부인하실
수 없으시리라

인정 받는 일꾼

14 너는 그들로 이 일을 기억하게 하
여 말다툼을 하지 말라고 하나님
앞에서 엄히 명하라 이는 유익이
하나도 없고 도리어 듣는 자들을
망하게 함이라
15 너는 진리의 말씀을 옳게 분별하
며 부끄러울 것이 없는 일꾼으로
인정된 자로 자신을 하나님 앞에
드리기를 힘쓰라
16 망령되고 헛된 말을 버리라 그들
은 경건하지 아니함에 점점 나아
가나니
17 그들의 말은 악성 종양이 퍼져나
감과 같은데 그 중에 후메내오와
빌레도가 있느니라
18 진리에 관하여는 그들이 그릇되
었도다 부활이 이미 지나갔다 함
으로 어떤 사람들의 믿음을 무너
뜨리느니라
19 그러나 하나님의 견고한 터는 섰
으니 인침이 있어 일렀으되 주께
서 자기 백성을 아신다 하며 또 주
의 이름을 부르는 자마다 불의에

13】

14】

15】

16】

17】

18】

19】

서 떠날지어다 하였느니라
20 큰 집에는 금 그릇과 은 그릇뿐 아
니라 나무 그릇과 질그릇도 있어
귀하게 쓰는 것도 있고 천하게 쓰
는 것도 있나니
21 그러므로 누구든지 이런 것에서
자기를 깨끗하게 하면 귀히 쓰는
그릇이 되어 거룩하고 주인의 쓰
심에 합당하며 모든 선한 일에 준
비함이 되리라
22 또한 너는 청년의 정욕을 피하고
주를 깨끗한 마음으로 부르는 자
들과 함께 의와 믿음과 사랑과 화
평을 따르라
23 어리석고 무식한 변론을 버리라
이에서 다툼이 나는 줄 앎이라
24 주의 종은 마땅히 다투지 아니하
고 모든 사람에 대하여 온유하며
가르치기를 잘하며 참으며
25 거역하는 자를 온유함으로 훈계
할지니 혹 하나님이 그들에게 회
개함을 주사 진리를 알게 하실까
하며
26 그들로 깨어 마귀의 올무에서 벗
어나 하나님께 사로잡힌 바 되어
그 뜻을 따르게 하실까 함이라

20】

21】

22】

23】

24】

25】

26】

마지막 가르침

3

1 너는 이것을 알라 말세에 고통
하는 때가 이르러
2 사람들이 자기를 사랑하며 돈을
사랑하며 자랑하며 교만하며 비
방하며 부모를 거역하며 감사하
지 아니하며 거룩하지 아니하며
3 무정하며 원통함을 풀지 아니하
며 모함하며 절제하지 못하며 사
나우며 선한 것을 좋아하지 아니
하며
4 배신하며 조급하며 자만하며 쾌
락을 사랑하기를 하나님 사랑하
는 것보다 더하며
5 경건의 모양은 있으나 경건의 능
력은 부인하니 이같은 자들에게
서 네가 돌아서라
6 그들 중에 남의 집에 가만히 들어
가 어리석은 여자를 유인하는 자
들이 있으니 그 여자는 죄를 중
히 지고 여러 가지 욕심에 끌린
바 되어
7 항상 배우나 끝내 진리의 지식에
이를 수 없느니라
8 얀네와 얌브레가 모세를 대적한
것 같이 그들도 진리를 대적하니
이 사람들은 그 마음이 부패한 자

1】

2】

3】

4】

5】

6】

7】

8】

요 믿음에 관하여는 버림 받은 자
들이라
9 그러나 그들이 더 나아가지 못할
것은 저 두 사람이 된 것과 같이
그들의 어리석음이 드러날 것임
이라
10 나의 교훈과 행실과 의향과 믿음
과 오래 참음과 사랑과 인내와
11 박해를 받음과 고난과 또한 안디
옥과 이고니온과 루스드라에서
당한 일과 어떠한 박해를 받은 것
을 네가 과연 보고 알았거니와 주
께서 이 모든 것 가운데서 나를 건
지셨느니라
12 무릇 그리스도 예수 안에서 경건
하게 살고자 하는 자는 박해를 받
으리라
13 악한 사람들과 속이는 자들은 더
욱 악하여져서 속이기도 하고 속
기도 하나니
14 그러나 너는 배우고 확신한 일에
거하라 너는 네가 누구에게서 배
운 것을 알며
15 또 어려서부터 성경을 알았나니
성경은 능히 너로 하여금 그리스
도 예수 안에 있는 믿음으로 말미
암아 구원에 이르는 지혜가 있게

9】

10】

11】

12】

13】

14】

15】

하느니라
16 모든 성경은 하나님의 감동으로
된 것으로 교훈과 책망과 바르게
함과 의로 교육하기에 유익하니
17 이는 하나님의 사람으로 온전하
게 하며 모든 선한 일을 행할 능
력을 갖추게 하려 함이라

16】

17】

4

1 하나님 앞과 살아 있는 자와 죽
은 자를 심판하실 그리스도 예
수 앞에서 그가 나타나실 것과 그
의 나라를 두고 엄히 명하노니
2 너는 말씀을 전파하라 때를 얻든
지 못 얻든지 항상 힘쓰라 범사
에 오래 참음과 가르침으로 경책
하며 경계하며 권하라
3 때가 이르리니 사람이 바른 교훈
을 받지 아니하며 귀가 가려워서
자기의 사욕을 따를 스승을 많이
두고
4 또 그 귀를 진리에서 돌이켜 허탄
한 이야기를 따르리라
5 그러나 너는 모든 일에 신중하여
고난을 받으며 전도자의 일을 하
며 네 직무를 다하라
6 전제와 같이 내가 벌써 부어지고
나의 떠날 시각이 가까웠도다

1】

2】

3】

4】

5】

6】

7 나는 선한 싸움을 싸우고 나의 달
려갈 길을 마치고 믿음을 지켰으니
8 이제 후로는 나를 위하여 의의 면
류관이 예비되었으므로 주 곧 의
로우신 재판장이 그 날에 내게 주
실 것이며 내게만 아니라 주의 나
타나심을 사모하는 모든 자에게
도니라

사사로운 부탁

9 너는 어서 속히 내게로 오라
10 데마는 이 세상을 사랑하여 나를
버리고 데살로니가로 갔고 그레
스게는 갈라디아로, 디도는 달마
디아로 갔고
11 누가만 나와 함께 있느니라 네가
올 때에 마가를 데리고 오라 그가
나의 일에 유익하니라
12 두기고는 에베소로 보내었노라
13 네가 올 때에 내가 드로아 가보의
집에 둔 겉옷을 가지고 오고 또 책
은 특별히 가죽 종이에 쓴 것을 가
져오라
14 구리 세공업자 알렉산더가 내게
해를 많이 입혔으매 주께서 그 행
한 대로 그에게 갚으시리니
15 너도 그를 주의하라 그가 우리 말
을 심히 대적하였느니라

7】

8】

9】

10】

11】

12】

13】

14】

15】

년 월 일

16 내가 처음 변명할 때에 나와 함께
한 자가 하나도 없고 다 나를 버
렸으나 그들에게 허물을 돌리지
않기를 원하노라
17 주께서 내 곁에 서서 나에게 힘을
주심은 나로 말미암아 선포된 말
씀이 온전히 전파되어 모든 이방
인이 듣게 하려 하심이니 내가 사
자의 입에서 건짐을 받았느니라
18 주께서 나를 모든 악한 일에서 건
져내시고 또 그의 천국에 들어가
도록 구원하시리니 그에게 영광이
세세무궁토록 있을지어다 아멘

끝 인사

19 브리스가와 아굴라와 및 오네시
보로의 집에 문안하라
20 에라스도는 고린도에 머물러 있
고 드로비모는 병들어서 밀레도
에 두었노니
21 너는 겨울 전에 어서 오라 으불
로와 부데와 리노와 글라우디아
와 모든 형제가 다 네게 문안하
느니라
22 나는 주께서 네 심령에 함께 계시
기를 바라노니 은혜가 너희와 함
께 있을지어다

16】

17】

18】

19】

20】

21】

22】

년 월 일

디도서

(1-3장)

인사

1 1 하나님의 종이요 예수 그리스
도의 사도인 나 바울이 사도 된
것은 하나님이 택하신 자들의 믿음
과 경건함에 속한 진리의 지식과
2 영생의 소망을 위함이라 이 영생
은 거짓이 없으신 하나님이 영원
전부터 약속하신 것인데
3 자기 때에 자기의 말씀을 전도로
나타내셨으니 이 전도는 우리 구
주 하나님이 명하신 대로 내게 맡
기신 것이라
4 같은 믿음을 따라 나의 참 아들
된 디도에게 편지하노니 하나님
아버지와 그리스도 예수 우리 구
주로부터 은혜와 평강이 네게 있
을지어다

그레데에서 해야 할 디도의 사역

5 내가 너를 그레데에 남겨 둔 이유
는 남은 일을 정리하고 내가 명한
대로 각 성에 장로들을 세우게 하
려 함이니
6 책망할 것이 없고 한 아내의 남편
이며 방탕하다는 비난을 받거나

불순종하는 일이 없는 믿는 자녀
를 둔 자라야 할지라
7 감독은 하나님의 청지기로서 책
망할 것이 없고 제 고집대로 하
지 아니하며 급히 분내지 아니하
며 술을 즐기지 아니하며 구타하
지 아니하며 더러운 이득을 탐하
지 아니하며
8 오직 나그네를 대접하며 선행을
좋아하며 신중하며 의로우며 거
룩하며 절제하며
9 미쁜 말씀의 가르침을 그대로 지
켜야 하리니 이는 능히 바른 교훈
으로 권면하고 거슬러 말하는 자
들을 책망하게 하려 함이라
10 불순종하고 헛된 말을 하며 속이
는 자가 많은 중 할례파 가운데 특
히 그러하니
11 그들의 입을 막을 것이라 이런 자
들이 더러운 이득을 취하려고 마
땅하지 아니한 것을 가르쳐 가정
들을 온통 무너뜨리는도다
12 그레데인 중의 어떤 선지자가 말
하되 그레데인들은 항상 거짓말
쟁이며 악한 짐승이며 배만 위하
는 게으름뱅이라 하니
13 이 증언이 참되도다 그러므로 네가

7】

8】

9】

10】

11】

12】

13】

그들을 엄히 꾸짖으라 이는 그들로
하여금 믿음을 온전하게 하고
14 유대인의 허탄한 이야기와 진리
를 배반하는 사람들의 명령을 따
르지 않게 하려 함이라
15 깨끗한 자들에게는 모든 것이 깨
끗하나 더럽고 믿지 아니하는 자
들에게는 아무 것도 깨끗한 것이
없고 오직 그들의 마음과 양심이
더러운지라
16 그들이 하나님을 시인하나 행위
로는 부인하니 가증한 자요 복종
하지 아니하는 자요 모든 선한 일
을 버리는 자니라

14】

15】

16】

교훈에 합당한 말

2

1 오직 너는 바른 교훈에 합당한
것을 말하여
2 늙은 남자로는 절제하며 경건하
며 신중하며 믿음과 사랑과 인내
함에 온전하게 하고
3 늙은 여자로는 이와 같이 행실이
거룩하며 모함하지 말며 많은 술
의 종이 되지 아니하며 선한 것을
가르치는 자들이 되고
4 그들로 젊은 여자들을 교훈하되
그 남편과 자녀를 사랑하며

1】

2】

3】

4】

년 월 일

5 신중하며 순전하며 집안 일을 하
며 선하며 자기 남편에게 복종하
게 하라 이는 하나님의 말씀이 비
방을 받지 않게 하려 함이라
6 너는 이와 같이 젊은 남자들을 신
중하도록 권면하되
7 범사에 네 자신이 선한 일의 본
을 보이며 교훈에 부패하지 아니
함과 단정함과
8 책망할 것이 없는 바른 말을 하게
하라 이는 대적하는 자로 하여금
부끄러워 우리를 악하다 할 것이
없게 하려 함이라
9 종들은 자기 상전들에게 범사에
순종하여 기쁘게 하고 거슬러 말
하지 말며
10 훔치지 말고 오히려 모든 참된 신
실성을 나타내게 하라 이는 범사
에 우리 구주 하나님의 교훈을 빛
나게 하려 함이라
11 모든 사람에게 구원을 주시는 하
나님의 은혜가 나타나
12 우리를 양육하시되 경건하지 않
은 것과 이 세상 정욕을 다 버리
고 신중함과 의로움과 경건함으
로 이 세상에 살고
13 복스러운 소망과 우리의 크신 하

5】

6】

7】

8】

9】

10】

11】

12】

13】

나님 구주 예수 그리스도의 영광
이 나타나심을 기다리게 하셨으니
14 그가 우리를 대신하여 자신을 주
심은 모든 불법에서 우리를 속량
하시고 우리를 깨끗하게 하사 선
한 일을 열심히 하는 자기 백성이
되게 하려 하심이라

선한 일을 가르치라

15 너는 이것을 말하고 권면하며 모
든 권위로 책망하여 누구에게서
든지 업신여김을 받지 말라

3

1 너는 그들로 하여금 통치자들
과 권세 잡은 자들에게 복종하
며 순종하며 모든 선한 일 행하기
를 준비하게 하며
2 아무도 비방하지 말며 다투지 말
며 관용하며 범사에 온유함을 모
든 사람에게 나타낼 것을 기억하
게 하라
3 우리도 전에는 어리석은 자요 순
종하지 아니한 자요 속은 자요 여
러 가지 정욕과 행락에 종 노릇 한
자요 악독과 투기를 일삼은 자요
가증스러운 자요 피차 미워한 자
였으나
4 우리 구주 하나님의 자비와 사람

14】

15】

1】

2】

3】

4】

사랑하심이 나타날 때에
5 우리를 구원하시되 우리가 행한
바 의로운 행위로 말미암지 아니
하고 오직 그의 긍휼하심을 따라
중생의 씻음과 성령의 새롭게 하
심으로 하셨나니
6 우리 구주 예수 그리스도로 말미
암아 우리에게 그 성령을 풍성히
부어 주사
7 우리로 그의 은혜를 힘입어 의롭
다 하심을 얻어 영생의 소망을 따
라 상속자가 되게 하려 하심이라
8 이 말이 미쁘도다 원하건대 너는
이 여러 것에 대하여 굳세게 말하
라 이는 하나님을 믿는 자들로 하
여금 조심하여 선한 일을 힘쓰게
하려 함이라 이것은 아름다우며
사람들에게 유익하니라
9 그러나 어리석은 변론과 족보 이
야기와 분쟁과 율법에 대한 다툼
은 피하라 이것은 무익한 것이요
헛된 것이니라
10 이단에 속한 사람을 한두 번 훈계
한 후에 멀리하라
11 이러한 사람은 네가 아는 바와 같
이 부패하여 스스로 정죄한 자로
서 죄를 짓느니라

5】

6】

7】

8】

9】

10】

11】

부탁과 끝 인사

12 내가 아데마나 두기고를 네게 보
내리니 그 때에 네가 급히 니고볼
리로 내게 오라 내가 거기서 겨울
을 지내기로 작정하였노라

12】

13 율법교사 세나와 및 아볼로를 급
히 먼저 보내어 그들로 부족함이
없게 하고

13】

14 또 우리 사람들도 열매 없는 자가
되지 않게 하기 위하여 필요한 것
을 준비하는 좋은 일에 힘 쓰기를
배우게 하라

14】

15 나와 함께 있는 자가 다 네게 문안
하니 믿음 안에서 우리를 사랑하
는 자들에게 너도 문안하라 은혜
가 너희 무리에게 있을지어다

15】

빌레몬서

(1장)

인사

1
1 그리스도 예수를 위하여 갇힌
자 된 바울과 및 형제 디모데는
우리의 사랑을 받는 자요 동역자
인 빌레몬과

1】

2 자매 압비아와 우리와 함께 병사
된 아킵보와 네 집에 있는 교회에

2】

년 월 일

편지하노니
3 하나님 우리 아버지와 주 예수 그
리스도로부터 은혜와 평강이 너
희에게 있을지어다

빌레몬의 믿음과 사랑

4 내가 항상 내 하나님께 감사하고
기도할 때에 너를 말함은
5 주 예수와 및 모든 성도에 대한 네
사랑과 믿음이 있음을 들음이니
6 이로써 네 믿음의 교제가 우리 가
운데 있는 선을 알게 하고 그리스
도께 이르도록 역사하느니라
7 형제여 성도들의 마음이 너로 말
미암아 평안함을 얻었으니 내가
너의 사랑으로 많은 기쁨과 위로
를 받았노라

오네시모를 위하여 간구하다

8 이러므로 내가 그리스도 안에서
아주 담대하게 네게 마땅한 일로
명할 수도 있으나
9 도리어 사랑으로써 간구하노라 나
이가 많은 나 바울은 지금 또 예수
그리스도를 위하여 갇힌 자 되어
10 갇힌 중에서 낳은 아들 오네시모
를 위하여 네게 간구하노라
11 그가 전에는 네게 무익하였으나
이제는 나와 네게 유익하므로

3】

4】

5】

6】

7】

8】

9】

10】

11】

년 월 일

12 네게 그를 돌려 보내노니 그는 내
심복이라
13 그를 내게 머물러 있게 하여 내 복
음을 위하여 갇힌 중에서 네 대신
나를 섬기게 하고자 하나
14 다만 네 승낙이 없이는 내가 아
무 것도 하기를 원하지 아니하노
니 이는 너의 선한 일이 억지 같
이 되지 아니하고 자의로 되게 하
려 함이라
15 아마 그가 잠시 떠나게 된 것은
너로 하여금 그를 영원히 두게 함
이리니
16 이 후로는 종과 같이 대하지 아니
하고 종 이상으로 곧 사랑 받는 형
제로 둘 자라 내게 특별히 그러하
거든 하물며 육신과 주 안에서 상
관된 네게랴
17 그러므로 네가 나를 동역자로 알
진대 그를 영접하기를 내게 하듯
하고
18 그가 만일 네게 불의를 하였거나
네게 빚진 것이 있으면 그것을 내
앞으로 계산하라
19 나 바울이 친필로 쓰노니 내가 갚
으려니와 네가 이 외에 네 자신이
내게 빚진 것은 내가 말하지 아니

12】

13】

14】

15】

16】

17】

18】

19】

년 월 일

하노라

20 오 형제여 나로 주 안에서 너로 말
미암아 기쁨을 얻게 하고 내 마음
이 그리스도 안에서 평안하게 하라

21 나는 네가 순종할 것을 확신하므
로 네게 썼노니 네가 내가 말한 것
보다 더 행할 줄을 아노라

22 오직 너는 나를 위하여 숙소를 마
련하라 너희 기도로 내가 너희에
게 나아갈 수 있기를 바라노라

끝 인사

23 그리스도 예수 안에서 나와 함께
갇힌 자 에바브라와

24 또한 나의 동역자 마가, 아리스다
고, 데마, 누가가 문안하느니라

25 우리 주 예수 그리스도의 은혜가
너희 심령과 함께 있을지어다

20】

21】

22】

23】

24】

25】

온가족
바울서신 따라쓰기(2권)

초판 1쇄 : 2021년 11월 26일
발 행 인 : 황경자
발 행 처 : 도서출판 두돌비
등록번호 : 2006. 8. 17 제 2006-12호
주 소 : 서울시 중랑구 동일로 107길 12
전 화 : (02) 964-6993 | 팩스 : (02) 2208-0153
E-mail : 153books@hanmail.net

ISBN 978-89-85583-74-9
978-89-85583-71-8(세트)